学ぶ人、
変えて
ゆく人だ、

目の前にある問題はもちろん、

人生の問いや、

社会の課題を自ら見つけ、

挑み続けるために、人は学ぶ。

「学び」で、

少しずつ世界は変えてゆける。

いつでも、どこでも、誰でも、

学ぶことができる世の中へ。

旺文社

英検のプロと一緒！

文部科学省後援

つきっきり英検®

4級

家庭教師のトライ 企画・監修

山田 暢彦 著

旺文社

英検®は、公益財団法人 日本英語検定協会の登録商標です。

contents

つきっきりレッスン

contents

音声について

本書の内容を効果的に学習するには、音声が必須です。
アプリまたはダウンロードによって音声を聞くことができます。

1. リスニングアプリ「英語の友」(iOS/Android) で再生

ご利用方法

❶「英語の友」公式サイトより、アプリをインストール

https://eigonotomo.com/

※右の二次元コードから読み込めます

英語の友 検索

❷ アプリのライブラリボタンからご購入いただいた書籍を選び、「追加」ボタンを押してください

❸ パスワードを入力すると、音声がダウンロードできます

パスワード：uqihyv　※すべて半角アルファベット小文字

※本アプリの機能の一部は有料ですが、本書の音声は無料でお聞きいただけます。
※詳しいご利用方法は「英語の友」公式サイト、あるいはアプリ内ヘルプをご参照ください。
※本サービスは、予告なく終了することがあります。

2. パソコンで音声データダウンロード (MP3)

ご利用方法

❶ Web ページ（以下のURL）にアクセス

https://www.obunsha.co.jp/service/tsukikkiri/

❷ 音声ダウンロードで「4級」を選択してください

❸ パスワードを入力すると、音声がダウンロードできます

パスワード：uqihyv　※すべて半角アルファベット小文字

※音声ファイルは zip 形式にまとめられた形でダウンロードされます。
※音声の再生には MP3 を再生できる機器などが必要です。
※ご使用機器、音声再生ソフト等に関する技術的なご質問は、ハードメーカーもしくはソフトメーカーにお願いいたします。

執筆協力：株式会社エデュデザイン
装丁デザイン：牧野剛士
本文デザイン：相馬敬徳（Rafters）
イラスト：伊藤ハムスター、岡村亮太、有限会社アート・ワーク
DTP：日新印刷株式会社
録音：株式会社巧芸創作

ナレーション：Julia Yermakov、Greg Dale、Howard Colefield
問題制作：染谷有美、Top Cloud Collaboration LLC、清水洋子、丸岡幸子
編集協力：内藤香、渡邉真理子、清水洋子、斎藤なが子（Minos English）、Jason A. Chau

Welcome to
NOBU's つきっきりレッスン！

Hi！NOBUです。ぼくのつきっきりレッスンは、耳で聞いて声に出すとってもアクティブなレッスンです。音声を再生したら、ぼくと1対1の授業が始まると思ってくださいね。さぁ、音声を再生して、いっしょに英検4級の英語力を身につけよう！

動画でレッスンを体験！
https://www.obunsha.co.jp/service/tsukikkiri/

きみの時間を1分もむだにしない！話せる英語が身につくレッスンを届けます！

NOBU's プロフィール

山田暢彦 *Nobuhiko Yamada*

アメリカ出身のバイリンガル英語講師。ネイティブの感覚を日本語でわかりやすく説明する指導に定評がある。監修した『中1英語をひとつひとつわかりやすく。』（学研プラス）などの中学生向けシリーズは記録的なベストセラーに。そのほか書籍30冊以上、累計200万部超えのベストセラー著者。現在"世界に通用する英語"をモットーに、オンラインでNOBU Englishを主宰。慶應義塾大学（SFC）卒。TOEIC® L&Rテスト連続満点、国連英検特A級、英検®1級。

www.nobuyamada.com

- -

好きなアーティスト
Jack Johnson

- -

中学生のころの将来の夢
テニス選手になって、親に大きな家を買うこと

- -

気分転換の方法
ギター弾き語り、入浴剤をたっぷり入れて長風呂すること

レッスンの特長

40レッスンすべてが音声つき

音にこだわっているのがこのレッスンの最大の特長。本を開いて音声を再生して、ぼくがつきっきりで隣にいるような感覚でレッスンを受けてくださいね！

1回10分

忙しいみんなが毎日続けられるように、1レッスンは約10分。「10分すらない」っていうときは、「今日は右のページ、5分」というように小分けにして取り組もう。

英検合格に必要な単熟語をぎゅっと凝縮

レッスンで扱う英文には、英検4級によく出る単熟語をこれでもかと盛り込みました。1冊やり終えるころには、過去問を解く力がしっかり身についているはず！

英語の語順で内容を理解できる

解説音声では、英語の語順で意味が理解できるように和訳を工夫しています。このやり方に慣れると、音が耳に入ってきた順で英語を処理できるようになります。

レッスン音声は、左ページの解説で約5分、
右ページのトレーニングで約5分です。
レッスンの英文は段階的にレベルアップしていくので、
レッスン1から順番に受けていきましょう。

❶まずは音声を再生！

レッスンページを開いたら、スマホアイコン
の隣の番号を確認して音声を再生しよう。

❷つきっきり英文解説

英文のモデル音声とその解説が流れるので、
内容をイメージしながら聞こう。

●太字は初めて登場する重要単語や表現。
　前のレッスンですでにでてきたものは
　グレーで表示。

●なるほどと思った解説は、英文の右の
　空欄にメモしておこう。

●難しいと感じたら、英文の訳を確認し
　てからもう一度聞いてみよう。

❸文法と表現を確認

文の構造を理解してから、リピートやシャ
ドーイングをすると文法と表現の使い方も身
につきやすくなります。

1　友だちとの会話❶

試合はどうだった？

学校で友だちと話しています。男の子はバスケットボールの試合があったようです。

 つきっきり英文解説 >>> 01-1 ～01-3

モデル音声と解説を聞いて、英文の内容を確認しよう。
大事なところはメモを取ろう。

A: How was your **basketball game**
　 yesterday?
B: We **won**!
A: **That's great. Congratulations.**
B: **Thanks.** I'm really **happy**.
A: When is your **next game**?
B: This Saturday. I can't **wait**!

英文の訳

A：昨日のバスケットボールの試合はどうだった？
B：勝ったよ！
A：それはすごいね。おめでとう。
B：ありがとう。ほんとうにうれしいよ。
A：次の試合はいつ？
B：今週の土曜日だよ。待ちきれない！

文法と表現

How was ～? 《感想をたずねる言い方》
how は「どう、どんな」の意味。How was ～? は
「～はどうでしたか。」の意味で、結果や感想をた
ずねるときによく使われる。
▶How was the book?（その本はどうでしたか。）
　─ It was interesting.（おもしろかったです。）

18

次はトレーニング！

英検問題にチャレンジ！

「英検問題にチャレンジ！」では、未習の単語や表現も出てくるので、
難しいと感じるかもしれません。でも、まちがったりわからないと
感じたりしても、気にしないでくださいね！このページは、問題を
解くことを通じて、新しい語いを覚えたり、リスニング力をつけた
りするためのものだと思ってください。まちがってもOKなんです。
どんどん解いて、新しい単語や表現を覚えていきましょう！

右ページからトレーニング開始！
声を出して学習しよう！
終わったら☑にチェック！

❹単語・表現チェック

左ページに登場した単語や表現とその関連語をリストアップしてあります。ぼくの音声のあとに続いてリピートしよう。意味をイメージしながら声に出すと記憶が定着しやすくなります。

⌄⌄

❺見ながらリピート

英文を見ながら、ぼくの音声のあとに続いてリピートしよう。

> リピートやシャドーイングをするときは、ただ音声をまねするのではなく、必ず意味のまとまりごとに内容をイメージしながら声を出そう。音と意味を結びつける感覚が育ちます。

⌄⌄

❻見ないでリピート

今度は英文を見ないで、ぼくの音声のあとに続いてリピートしよう。

⌄⌄

❼しあげのシャドーイング

英文を見ないで、ぼくの音声のあとに続いてシャドーイングをしよう。シャドーイング（shadowing）とは、影（shadow）のようにお手本の音声を追いかけて、声に出す英語学習方法のことです。

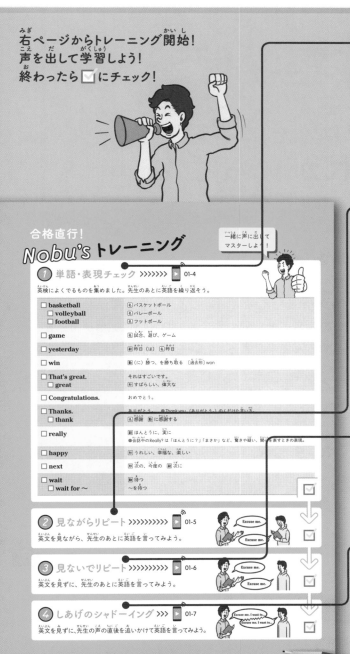

合格直行！
Nobu's トレーニング

一緒に声に出してマスターしよう！

① 単語・表現チェック ＞＞＞＞＞ 01-4

英検によくでるものを集めました。先生のあとに英語を繰り返そう。

□ basketball	图 バスケットボール
□ volleyball	图 バレーボール
□ football	图 フットボール
□ game	图 試合、遊び、ゲーム
□ yesterday	副 昨日（は） 图 昨日
□ win	動 (に) 勝つ、を勝ち取る [過去形] won
□ That's great.	それはすごいです。
□ great	形 すばらしい、偉大な
□ Congratulations.	おめでとう。
□ Thanks.	ありがとう。 ●Thank you.（ありがとう）のくだけた言い方。
□ thank	图 感謝 動 に感謝する
□ really	副 ほんとうに、実に ●会話中のReally? は「ほんとうに？」「まさか」など、驚きや疑い、関心を表すときの表現。
□ happy	形 うれしい、幸福な、楽しい
□ next	形 次の、今度の 副 次に
□ wait	動 待つ
□ wait for ～	～を待つ

② 見ながらリピート ＞＞＞＞＞＞＞ 01-5

英文を見ながら、先生のあとに英語を言ってみよう。

Excuse me.
Excuse me.

③ 見ないでリピート ＞＞＞＞＞＞＞ 01-6

英文を見ずに、先生のあとに英語を言ってみよう。

Excuse me.
Excuse me.

④ しあげのシャドーイング ＞＞＞ 01-7

英文を見ずに、先生の声の直後を追いかけて英語を言ってみよう。

Excuse me. I want to...
Excuse me. I want to...

まとめて覚える！単熟語

語い力をつけるのに役立つのが「まとめて覚える！単熟語」です。このページと「つきっきりレッスン」で英検4級の最重要単熟語をカバーしています。単熟語は、まず音声を聞いて声に出して覚えてください。言語は音が基本なので、聞く→声に出す→書くの順で取り組むと効率よく暗記できます。

NOBU 式英語学習法

なぜ聞くことと
声を出すことを
繰り返すの?

答えは……
これがいちばん
英語が上達するから

英検対策に限らず、英語学習全般に言えることですが、音を学習の中心におくとインプットの質が飛躍的に向上します。「お手本そっくりに発音しよう!」と思いながら聞くと、モデル音声と自分の発音とのちがいに気づいてどんどん上達するんです。さらに、声を出すことで、単語やフレーズの定着率が高まります。

音によるインプットをすると

→ 4技能 がレベルUP!

声に出す

聞く

Hi, Joe. Where are you going?

スピーキング力 UP
耳で聞き慣れた英語表現がとっさに口から出る瞬発力が身につくから

ライティング力 UP
英語表現が出るスピードが速くなるから

リーディング力 UP
英語の語順で意味のかたまりごとに理解できるようになるから

リスニング力 UP
音に慣れ、瞬時に意味をとらえることができるようになるから

自分のレベル、目的にあったインプットの素材選びも重要。この本の英文には、英検4級の重要単語・表現・文法を凝縮しているので、合格する力を養うのに最適です。

この本で英語を学習すると……

❶英検4級レベルの単語や表現、文法を独自の学習法でインプットし、「英検問題にチャレンジ！」にも取り組むことによって、合格に必要な力がバランスよく身につきます。❷音を中心にした学習法のため、音を聞いて意味のかたまりごとに内容をイメージするスピードが上がります。❸「Nobu's トレーニング」で「聞く」と「声に出す」を繰り返していると、英語に素早く反応できるようになり、話しかけられたときにパッと答えやすくなります。❹英語の語順や意味のまとまりを意識したトレーニングを行ううちに、脳が英語の語順で英語を処理するようになっていきます。❺トレーニングでお手本の発音に少しでも近づくように努力するうち、うやむやにしている発音や単語がなくなり、ネイティブの英語が耳に入りやすくなっていきます。

「つきっきり」のその先へ！
ステップアップ学習法のすすめ

「つきっきりレッスン」だけではない、さらに英語力を高め、
英検合格をより確実にするための方法をご紹介します。

もう一歩先をいく、本書の活用法

この本には、英検合格はもちろん、本当の英語力を身につけるために必要なエッセンスが
ぎゅっとつまった英文が掲載されています。1回10分のレッスンの中では紹介しきれなかった、
これらの英文を使った学習法を紹介します。さらなる実力アップにつなげましょう！

❶シャドーイングのスピードアップ！

各レッスンの「Nobu's トレーニング」で体験したリピートやシャドーイングは、トレーニ
ングがしやすいようにスピードをやや遅めにしています。

もっと自然な速さの英文を話せるようになりたい、という人には、各レッスンの冒頭のネイ
ティブ・スピーカーのモデル音声を使って、シャドーイングをするのをおすすめします。最初
は速さについていけなくて難しいと感じるかもしれませんが、そのときは、本を見ながらシャ
ドーイングしてもOKです。何度も繰り返すうちに、着実に上達していきますよ！

❷和文を瞬時に英訳！

各レッスンの「英文の訳」を1文ずつ、英語に訳して口に出してみましょう。そんなの難し
すぎる！　と思うかもしれませんが、レッスンを終えたあとならきっと大丈夫。レッスン中に
リピートやシャドーイングで何度も繰り返し口に出したのだから、きっとその英文はインプッ
トされているはず。恐れず挑戦してみましょう。正しい英文はすぐ上に書かれているので、す
ぐに答え合わせもできますよ。

このトレーニングでは、リピートやシャドーイングのようにマネするのではなく「自分で英
文を考える」ということが必要になるから、すごく力がつきます。英語に訳すときには、a と
the の違いや前置詞の使い分けがあやふやになりやすいので、特に注意しましょう。

❸さくいんで語い力チェック！

この本には、旺文社が分析したデータに基づいた「英検に合格するためにもっとも重要な単
熟語」が掲載されていて、それらがすべて本の最後の「さくいん」にまとめられています。「さ
くいん」に並んだ英単語・熟語を見て、すぐに意味と読み方がわかりますか？　もしわからな
かったら、掲載ページを見て確認しましょう！

「さくいん」を検索ツールとしてだけでなく、語い力チェックのツールとしても活用すること
をおすすめします。

家庭教師のトライ×山田暢彦×旺文社コンテンツによる映像授業

映像授業についてくわしくはこちら https://www.trygroup.co.jp/eiken/

「家庭教師のトライ」では、この本の各レッスンをぼくが解説する映像授業を含む英検対策講座を提供しています。映像授業では、「発音」についてくわしく解説しているほか、リピートやシャドーイングを楽しくトレーニングできる映像ならではの工夫がされています。

※映像授業をご覧になるためには、有料会員登録が必要です。詳しくは上記サイト内の説明をご覧ください。

A : Hi, Joe. Where are you going?
B : Oh, hi, Amy. I'm **heading** to Albert Hall. My favorite artist is **performing** there this afternoon!
A : That's nice! Who is it?
B : His name is Jonathon Steele.
A : Oh, I'm **familiar with** some of his songs. He's a
B : **You can say that again.** It's the first time I'm seeing him
A : **Sounds like fun.** Well, enjoy the concert.
B : Thanks. See you later.

第2級 Lesson1
本文の解説

語い力をさらに高めるために

英語がわからない原因の大半は、語いがわからないこと。だからまずは語い力をつけることが大切です。語い力さえあれば、リスニングも、リーディングも、そしてその先のスピーキングにも対応可能です。語い力は、英検合格はもちろん、英語でコミュニケーションをとるためにとても大切な力です。

❶語い力の身につけ方

勉強中に知らない単語や熟語に出会ったら、正しく理解するために、きちんと調べましょう。なんとなく意味を推測するだけで終わってしまうと、身につきません。そして調べるときには、「意味（訳）」と「発音（読み方）」の両方をおさえましょう。どのように発音するかまで理解しないと、リスニングで聞いたときにわからないですし、自分で口に出して言うこともできなくなってしまいます。リスニングをやったときにあわてて音声対策をしても遅いので、意味を覚えるときに、いっしょに発音もおさえましょう。

そして、その単熟語は声に出して言ってみましょう。この本で繰り返しトレーニングしたように、声に出して読むことで、記憶が定着します。単熟語を「調べて、読んで、覚える」。この3段階を経て、語い力を高めていくことができるんです。

❷語い力をつけるためのおすすめ教材

過去問

英検の過去問を解くことは、問題形式を知るだけでなく、語い力をつけるためにもとても有効です。実際の問題を解く中で新しい単語に出会って、調べて、どんどん吸収していく。そんな気持ちをもって問題に取り組んでみてください。

単語集

　英検の級ごとに分けられた単語集は、英検合格のための語い力をつけるために、頼もしい存在です。最初のページから一つずつ覚えていくというよりは、「覚えていない単熟語をチェックするためのリスト」として活用するのがおすすめ。ある程度語い力をつけてから、単語集に取り組む、という順番がいいでしょう。

　もし4級の単語集を開いてみて、そのページに掲載されている単語がほとんどわからないという場合は、レベルが合っていないということです。ひとつ前の5級の単語集に戻ってみましょう。

過去問は英検合格に必須

　英検合格のためには、英検の問題形式に慣れること、時間を意識しながら問題に取り組むことも大切です。この本の「英検問題にチャレンジ！」で英検形式の問題を解くことができますが、実際に英検を受検する前には、筆記とリスニングをセットで、英検の試験1回分を丸ごと解いてみることをおすすめします。それによって、試験1回分にかかる時間感覚や必要な集中力も把握できます。

イチオシ！

旺文社
**英検でる順
パス単
シリーズ**（※）

英検単語集の定番！　英検過去問の分析に基づき、よく出題される語を「でる順」に掲載しているので、効果的に覚えることができます。

イチオシ！

旺文社
**英検 過去6回
全問題集
シリーズ**（※）

過去6回分の試験が収録されているので、これをやりこなすことで英検の出題傾向をしっかりつかむことができます。「別冊解答」には、確実に問題を解くための解説が掲載されています。解説を読んで、解答のポイントをしっかりと把握することが、合格への近道です。

※書名は予告なく変更になる可能性があります

英語を自由に話すための、さらなるトレーニング

　英検に合格するだけでなく、英語を自由に話せるようになりたい、と考える人もいるでしょう。そのためのトレーニング方法を少し紹介します。ちょっと難しいかもしれませんが、これをやれば、確実に力がつきますよ！

❶相手に伝えるつもりで、音読してみる

　「Nobu'sトレーニング」で体験したリピートやシャドーイングは、話す力を身につけるためにも、とても有効な方法です。そして声に出すときには、英文を漫然と読むのではなく、会話文なら自分が登場人物になったつもりで読み、説明文ならだれかに内容を教えてあげているつもりで読みましょう。内容を理解した上で相手に伝えるんだ、という気持ちで口に出して練習

することによって、話す力の素地が身についていきます。

　レッスンの「つきっきり英文解説」で訳を言うだけではなく、どんな気持ちで言っているのか、というコメントもはさんでいるのは、話しているときの気持ちをわかってほしいからです。言葉にこめられた意図を意識しながら話すことが、とても大切なんですよ。いっしょうけんめい発音だけを正確にマネしようとすると、どうしても意味や気持ちから離れていってしまいます。学習の最初のほうはそれでも仕方がないかもしれませんが、最終的には、相手に意味を伝えるという気持ちをもって声に出せるようになるといいですね。

❷英検問題も活用する

　「自分の考えをまとめて、言う」練習の一つとして、英検のリスニング問題を活用する方法もあります。

　まずはリスニングの放送文と質問を聞いたら、印刷された選択肢を見ずに、自分で答えを考えて、口に出してみる。次に、もう一度、放送文と質問を聞いてみる。

　2回目に放送文を聞くときには、質問のポイントや答えの方向性がなんとなくわかっているので、ぐっと集中して、前のめりになって聞くことができます。そして、2回聞いたあとで、正解の選択肢を見れば、答え合わせもできますね。

　過去問を使って、手軽にアウトプット（自分の考えをまとめて、言う）と、集中して聞く、という練習ができるというわけです。

この「つきっきり英検」がきっかけとなって、
充実した英語学習につながることを祈っています！

Keep trying!
You can do it!

英検4級の出題形式

英検合格のためには、英語力を上げるだけでなく、出題形式や試験時間についても知っておきましょう。

一次試験

主な場面・状況	家庭、学校、地域（各種店舗・公共施設を含む）、電話、アナウンスなど
主な話題	家族、友だち、学校、趣味、旅行、買い物、スポーツ、映画、音楽、食事、天気、道案内、自己紹介、休日の予定、近況報告、海外の文化など

筆記 ⏱ 35分　リスニング ⏱ 約30分

問題	測定技能	形式・課題詳細	問題数	この本での同じ形式の問題掲載ページ
1	リーディング	文脈に合う適切な語句を補う。	15問	p.24, p.42, p.88, p.94
2		会話文の空所に適切な文や語句を補う。	5問	p.60
3		日本文を読み、その意味に合うように与えられた語句を並べ替える。	5問	p.108
4		パッセージの内容に関する質問に答える。	10問	p.124, p.134, p.142
第1部	リスニング 放送回数2回	会話の最後の発話に対する応答として最も適切なものを補う。（補助イラスト付き）	10問	p.32, p.50
第2部		会話の内容に関する質問に答える。	10問	p.68, p.78
第3部		短いパッセージの内容に関する質問に答える。	10問	p.100, p.114

スピーキングテスト

録音型の面接 ⏱ 約4分

問題	測定技能	形式・課題詳細
音読	スピーキング	25語程度のパッセージを読む。
No.1		音読したパッセージの内容についての質問に答える。
No.2		イラスト中の人物の行動や物の状況を描写する。
No.3		日常生活の身近な事柄についての質問に答える。（カードのトピックに直接関連しない内容も含む）

出典：公益財団法人 日本英語検定協会公式サイト
※2021年2月現在の情報です。予告なく変更になる可能性がありますので、最新情報は英検ウェブサイトをご確認ください。
※級認定は一次試験（筆記・リスニング）の結果のみで合否を判定します。

つきっきりレッスン
レッスン 1〜40

いよいよレッスンのスタートです。
音声（おんせい）を聞く準備（きじゅんび）はできましたか？
最初（さいしょ）は難（むずか）しいと感（かん）じるかもしれませんが、

いっしょにがんばっていきましょう！

友だちとの会話❶

1 試合はどうだった？

学校で友だちと話しています。男の子はバスケットボールの試合があったようです。

つきっきり英文解説 >>> 📱 01-1
～01-3

モデル音声と解説を聞いて、英文の内容を確認しよう。
大事なところはメモを取ろう。

A: How was your **basketball game yesterday**?

B: We **won**!

A: **That's great. Congratulations.**

B: **Thanks.** I'm **really happy**.

A: When is your **next** game?

B: This Saturday. I can't **wait**!

英文の訳

A：昨日のバスケットボールの試合はどうだった？

B：勝ったよ！

A：それはすごいね。おめでとう。

B：ありがとう。ほんとうにうれしいよ。

A：次の試合はいつ？

B：今週の土曜日だよ。待ちきれない！

文法と表現

How was ～？〈感想をたずねる言い方〉

how は「どう、どんな」の意味。How was ～？は「～はどうでしたか。」の意味で、結果や感想をたずねるときによく使われる。

▶ How was the book?（その本はどうでしたか。）
　― It was interesting.（おもしろかったです。）

次はトレーニング！

合格直行！
Nobu's トレーニング

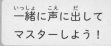

一緒に声に出して
マスターしよう！

① 単語・表現チェック >>>>>>> ▶ 01-4

英検によくでるものを集めました。先生のあとに英語を繰り返そう。

☐ **basketball**	名 バスケットボール
☐ **volleyball**	名 バレーボール
☐ **football**	名 フットボール
☐ **game**	名 試合、遊び、ゲーム
☐ **yesterday**	副 昨日（は） 名 昨日
☐ **win**	動 (に) 勝つ、を勝ち取る ［過去形］won
☐ **That's great.**	それはすごいです。
☐ **great**	形 すばらしい、偉大な
☐ **Congratulations.**	おめでとう。
☐ **Thanks.**	ありがとう。 ●Thank you.（ありがとう。）のくだけた言い方。
☐ **thank**	名 感謝 動 に感謝する
☐ **really**	副 ほんとうに、実に ●会話中のReally? は「ほんとうに？」「まさか」など、驚きや疑い、関心を表すときの表現。
☐ **happy**	形 うれしい、幸福な、楽しい
☐ **next**	形 次の、今度の 副 次に
☐ **wait**	動 待つ
☐ **wait for 〜**	〜を待つ

② 見ながらリピート >>>>>>>>> ▶ 01-5

英文を見ながら、先生のあとに英語を言ってみよう。

③ 見ないでリピート >>>>>>>>>> ▶ 01-6

英文を見ずに、先生のあとに英語を言ってみよう。

④ しあげのシャドーイング >>> ▶ 01-7

英文を見ずに、先生の声の直後を追いかけて英語を言ってみよう。

2

ギター、じょうずだね！

友だちが意外な特技を披露してくれました。

つきっきり英文解説 >>> ▶ 02-1 〜02-3

モデル音声と解説を聞いて、英文の内容を確認しよう。
大事なところはメモを取ろう。

A: Wow, you**'re good at** playing the **guitar**.

B: **Thank you. I started learning** it **last year**.

A: Is it **hard**?

B: **At first**, it was **hard**. I **could**n't play it **well, so** I **practiced** a lot.

英文の訳

A：うわー、ギターを弾くのうまいね。
B：ありがとう。去年から習い始めたの。
A：難しい？
B：最初は、難しかったわよ。うまく弾けなかったから、たくさん練習したの。

文法と表現

I started learning 〜.〈start *doing*、start to *do*〉
start *doing* で「〜し始める」という意味。start to *do* でも「〜し始める」の意味を表す。

▶ It started raining. / It started to rain.
（雨が降り始めました。）

次はトレーニング！
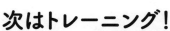

合格直行！

Nobu's トレーニング

元気に言ってみよう！
Don't be shy!

① 単語・表現チェック >>>>>>> ▶ 02-4

英検によくでるものを集めました。先生のあとに英語を繰り返そう。

□ be good at ～	～がじょうずだ、得意だ
□ guitar	名 ギター
□ Thank you.	ありがとう。
□ start *doing*	～し始める
□ learn	動 （を）習う、（を）学ぶ
□ last	形 この前の、最後の　副 最後に、この前
□ year	名 年、歳
□ hard	形 難しい、熱心な、かたい　副 一生けんめいに、激しく
□ at first	最初は、最初のうちは
□ could	助 （can の過去形）～することができた （couldn't で）～することができなかった　●couldn't は could not の短縮形。 （Could you ～? で）～していただけませんか。
□ well	副 じょうずに、十分に　形 健康で、よい　間 まあ、さて
□ so	接 それで、だから　副 それほど、とても、非常に、そのように
□ practice	動 （を）練習する　名 練習

☑

② 見ながらリピート >>>>>>>>>> ▶ 02-5

英文を見ながら、先生のあとに英語を言ってみよう。

Excuse me.
Excuse me.

☑

③ 見ないでリピート >>>>>>>>>> ▶ 02-6

英文を見ずに、先生のあとに英語を言ってみよう。

Excuse me.
Excuse me.

☑

④ しあげのシャドーイング >>> ▶ 02-7

英文を見ずに、先生の声の直後を追いかけて英語を言ってみよう。

Excuse me. I want to...
Excuse me. I want to...

☑

3 友だちとの会話❸

放課後、サッカーしない?

男の子が、友だちの女の子にサッカーをしようと誘います。

つきっきり英文解説 >>> 📱 03-1 ~03-3

モデル音声と解説を聞いて、英文の内容を確認しよう。
大事なところはメモを取ろう。

A: Do you **want to play soccer after school** today?

B: **Sorry**, I **have to go** to the **dentist**.

A: OK.

B: Can you play **tomorrow**?

A: Yes, I can.

B: **Great**. Let's **meet at** the **park at** 1 **p.m.**

英文の訳

A:今日の放課後にサッカーしない?
B:ごめん、歯医者さんに行かないといけないの。
A:わかった。
B:明日は遊べる?
A:うん、遊べるよ。
B:よかった。午後1時に公園で会いましょう。

文法と表現

Do you want to ～? 〈want to の疑問文〉
want to do で「～したい」の意味。to のあとには動詞の原形がくる。Do you want to ～? は「あなたは～したいですか。」という意味だが、「～しませんか。」と相手を誘うときにも使われる。

次はトレーニング!

合格直行！
Nobu's トレーニング

がんばった分だけ
しっかり身につくよ！

① 単語・表現チェック ＞＞＞＞＞＞＞ ▶ 03-4

英検によくでるものを集めました。先生のあとに英語を繰り返そう。

☐ want to *do*	〜したい
☐ soccer	名 サッカー
☐ after school	放課後（に）
☐ after	前 〜のあとに　接 〜したあとで
☐ sorry	形 すまないと思って、気の毒で
☐ have to *do*	〜しなければならない
☐ go	動 行く、進む、去る　[過去形] went
☐ dentist	名 歯科医師
☐ doctor	名 医師
☐ tomorrow	副 明日（は）　名 明日
☐ meet	動 （に）会う　[過去形] met
☐ at	前 （位置や場所などを表して）〜に、〜で、〜に向かって、（状態を表して）〜中で
☐ park	名 公園　動 駐車する
☐ p.m.	（数字のあとで）午後
☐ a.m.	（数字のあとで）午前

☑

② 見ながらリピート ＞＞＞＞＞＞＞＞＞ ▶ 03-5

英文を見ながら、先生のあとに英語を言ってみよう。

Excuse me.
Excuse me.

☑

③ 見ないでリピート ＞＞＞＞＞＞＞＞＞ ▶ 03-6

英文を見ずに、先生のあとに英語を言ってみよう。

Excuse me.
Excuse me.

☑

④ しあげのシャドーイング ＞＞＞ ▶ 03-7

英文を見ずに、先生の声の直後を追いかけて英語を言ってみよう。

Excuse me. I want to...
Excuse me. I want to...

☑

次の ( ) に入れるのに最も適切なものを **1**、**2**、**3**、**4** の中から一つ選びなさい。

(1) **A :** What ( ) do you want to go to?

B : I want to go to Canada next year.

    1 museum   **2** history   **3** language   **4** country

(2) **A :** Ted, can you ( ) the phone? I'm washing the dishes now.

B : All right.

    1 listen   **2** answer   **3** say   **4** turn

(3) **A :** Do you have any plans for the winter ( )?

B : I'm going to go skiing in Hokkaido with my family.

    1 weather   **2** sale   **3** practice   **4** vacation

(4) **A :** I'm sorry, I won't get to the station on time.

B : OK. I will ( ) at the café in the station.

    1 bring   **2** wait   **3** ride   **4** finish

(5) **A :** Shall I ( ) this for you?

B : Thank you, Jeff. This table is too heavy for me.

    1 wear   **2** draw   **3** carry   **4** remember

解答・解説

(1) 解答 **4**

A：どの国に行きたいの？

B：来年カナダに行きたいんだ。

1 美術館   **2** 歴史   **3** 言語   **4** 国

解説 〈What ＋ 名詞〉は「どの〜」の意味で、相手に1つを挙げてもらう質問です。Canada は country「国」の1つです。

(2) 解答 **2**

A：テッド、電話に出てくれる？　今お皿を洗っているところなの。

B：いいよ。

1 聞く   **2** 〜に応答する   **3** 〜と言う   **4** 〜をまわす

解説 can you 〜?は「〜してくれますか。」という意味です。お皿を洗っている最中に相手に依頼する内容は、answer the phone「電話に出る」ことです。

(3) 解答 **4**

A：冬休みの予定は何かあるの？

B：家族と北海道にスキーに行くつもりだよ。

1 天気   **2** セール   **3** 練習   **4** 休暇

解説 Bの go skiing 〜 with my family は「休暇」中にすることを答えています。plan for 〜は「〜の予定、計画」の意味です。

(4) 解答 **2**

A：すみません、時間通りに駅に着けそうにありません。

B：わかりました。駅のカフェで待つことにします。

1 〜を持ってくる   **2** 待つ   **3** 〜に乗る   **4** 〜を終える

解説 遅れるAに対して、Bは駅のカフェで「待つ」のが自然です。**1**、**3**、**4**は目的語が必要な動詞ですが、空所の直後には名詞がないので不正解です。

(5) 解答 **3**

A：ぼくがこれを運びましょうか。

B：ありがとう、ジェフ。このテーブルは私には重すぎるわ。

1 〜を身につける   **2** 〜を描く   **3** 〜を運ぶ   **4** 〜を覚えている

解説 Shall I 〜?は「〜しましょうか。」と相手に申し出る表現です。Bの too heavy から、Aが申し出ているのはテーブルを carry「運ぶ」ことです。

4 友だちとの会話❹

昨日はどうしたの?

昨日学校を休んだ友だちに声をかけます。何があったのでしょうか。

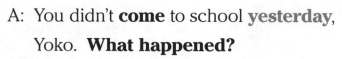

つきっきり英文解説 >>> 📱 04-1 ～04-3

モデル音声と解説を聞いて、英文の内容を確認しよう。
大事なところはメモを取ろう。

A: You didn't **come** to school **yesterday**, Yoko. **What happened?**

B: I **was sick in bed**. I **stayed** home **all day**.

A: I'm **sorry** to **hear** that. Are you OK?

B: Yes, I **feel much better now**.

A: **Good**. Take care.

英文の訳

A：昨日は学校に来なかったね、ヨウコ。何が
あったの?

B：ぐあいが悪くて寝ていたの。1日じゅう家に
いたわ。

A：それは気の毒に。だいじょうぶ?

B：うん、今はだいぶよくなってるわ。

A：よかった。気をつけてね。

文法と表現

I'm sorry to hear that. 〈be sorry to *do*〉
be sorry to *do* は「～して残念に思う、気の毒に思
う」という意味。to のあとには動詞の原形がくる。
I'm sorry to hear that. は、相手の言ったことを受け
て「それを聞いて残念に[気の毒に]思います。」
と同情を表すときに使われる言い方。

次はトレーニング!

Nobu's トレーニング

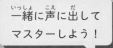

一緒に声に出して
マスターしよう！

 ① 単語・表現チェック >>>>>>> ▶ 04-4

英検によくでるものを集めました。先生のあとに英語を繰り返そう。

☐ come	動 来る、（相手のほうへ）行く　［過去形］came
☐ What happened?	どうしたのですか。
☐ be sick in bed	病気で寝ている
☐ sick	形 病気で、病気の
☐ in	前 〜の中に、（時を表して）〜に、〜たつ間に、〜を着て
☐ stay	動 とどまる、泊まる、滞在する　名 滞在
☐ all day	1日じゅう
☐ hear	動 を聞く、が聞こえる　［過去形］heard
☐ feel	動 （を）感じる、（と）思う　［過去形］felt
☐ much	副 （比較級または最上級を強めて）ずっと、たいへん　形 たくさんの
☐ better	形 （wellの比較級）よりよい、（goodの比較級）よりよい 副 （wellの比較級）よりよく、よりじょうずに、もっと
☐ now	副 今、現在は　名 今
☐ good	形 よい、親切な、楽しい、じょうずな
☐ Take care.	（別れ際に）気をつけてね。
☐ take	動 を取る、（乗り物）に乗る、を持っていく、（時間）がかかる　［過去形］took
☐ care	名 注意、世話　動 （疑問文、否定文で）（を）気にする

☑

 ② 見ながらリピート >>>>>>>>>> ▶ 04-5

英文を見ながら、先生のあとに英語を言ってみよう。

Excuse me.

Excuse me.

☑

 ③ 見ないでリピート >>>>>>>>>> ▶ 04-6

英文を見ずに、先生のあとに英語を言ってみよう。

Excuse me.

Excuse me.

☑

 ④ しあげのシャドーイング >>> ▶ 04-7

英文を見ずに、先生の声の直後を追いかけて英語を言ってみよう。

Excuse me. I want to...

Excuse me. I want to...

☑

友だちとの会話❺

好きな教科は何？

教室で友だちと話していると、好きな教科の話題になりました。

つきっきり英文解説 >>> 📱 05-1 〜05-3

モデル音声と解説を聞いて、英文の内容を確認しよう。
大事なところはメモを取ろう。

A: What's your **favorite subject**?

B: **History**. **How about** you?

A: I like **science** the **best**.

B: Oh, **science**?

A: Yes. My **grandfather** is a **scientist**.
He **teaches** me many **interesting**
things.

B: **Sounds like fun**.

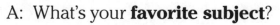

英文の訳

A：きみがいちばん好きな教科は何？
B：歴史よ。あなたはどう？
A：ぼくは理科がいちばん好き。
B：へえ、理科？
A：そう。おじいちゃんが科学者なんだ。彼はぼくにたくさんのおもしろいことを教えてくれるんだよ。
B：楽しそうね。

文法と表現

Sounds like fun. 〈sounds like 〜の使い方〉
文字通りには「（それは）楽しそうに聞こえる。」という意味。相手の言ったことを受けて「楽しそうですね。」「おもしろそうですね。」と応じるときの表現。It sounds like fun. のIt が省略されている。

次はトレーニング！

合格直行！

Nobu's トレーニング

 元気に言ってみよう！
Don't be shy!

① 単語・表現チェック >>>>>>> ▶ 05-4

英検によくでるものを集めました。先生のあとに英語を繰り返そう。

☐ favorite	形 いちばん好きな、お気に入りの　名 お気に入り
☐ subject	名 教科、科目、テーマ、話題
☐ history	名 歴史
☐ How about 〜 ? 　☐ about	〜はどうですか。 前 〜について（の）　副 およそ、約
☐ science	名 理科、科学
☐ best	副 （well の最上級）いちばん〜、最もよく、最もじょうずに 形 （good、well の最上級）最もよい
☐ grandfather	名 祖父
☐ scientist	名 科学者、自然科学者
☐ teach	動 （を）教える　［過去形］taught
☐ interesting	形 おもしろい、興味深い
☐ thing	名 こと、もの
☐ sound	動 （〜のように）聞こえる、鳴る　名 音
☐ like	前 〜のように［な］、〜に似た
☐ fun	名 おもしろいこと、楽しみ、楽しさ

☑

② 見ながらリピート >>>>>>>>>> ▶ 05-5

英文を見ながら、先生のあとに英語を言ってみよう。

☑

③ 見ないでリピート >>>>>>>>> ▶ 05-6

英文を見ずに、先生のあとに英語を言ってみよう。

☑

④ しあげのシャドーイング >>> ▶ 05-7

英文を見ずに、先生の声の直後を追いかけて英語を言ってみよう。

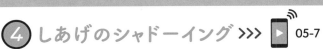

☑

6 友だちとの会話❻

週末は楽しんだ？

友だち同士で、週末のことを話しています。女性は何をして過ごしたのでしょうか。

つきっきり英文解説 >>> ▶ 06-1 〜06-3

モデル音声と解説を聞いて、英文の内容を確認しよう。大事なところはメモを取ろう。

A: Did you **enjoy** your **weekend**, Sandy?

B: Yes, I **had a good time**. I **saw** a **movie with** my sister.

A: That's nice. How was the **movie**?

B: It was **exciting**. It was **about** a **famous singer in America**.

英文の訳

A：週末は楽しかった、サンディ？

B：ええ、楽しい時を過ごしたわ。妹と映画を見たの。

A：それはいいね。映画はどうだった？

B：わくわくしたわ。アメリカの有名な歌手についての映画だったの。

文法と表現

I had a good time.
〈have a 〜 time の使い方〉
have a good time は「楽しい時を過ごす」「楽しむ」という意味。time の前には good 以外の語も使われ、どんな時を過ごしたのかを表現する。

▶ We had a wonderful time.
（私たちはすばらしい時を過ごしました。）

▶ She had a hard time there.
（彼女はそこでつらい時を過ごしました。）

次はトレーニング！

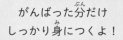
がんばった分だけ
しっかり身につくよ！

合格直行！
Nobu's トレーニング

 単語・表現チェック >>>>>>> ▶ 06-4

英検によくでるものを集めました。先生のあとに英語を繰り返そう。

□ enjoy	動 を楽しむ
□ weekend	名 週末
□ have a good time	楽しい時を過ごす
□ see	動 （を）見る、に会う　[過去形] saw
□ movie	名 映画
□ with	前 ～といっしょに、～を使って、～を持った
□ exciting	形 （人を）興奮させる、わくわくさせる、はらはらさせる
□ famous	形 有名な
□ singer 　□ musician	名 歌手 名 音楽家、ミュージシャン
□ America	名 アメリカ（合衆国）

☑

 見ながらリピート >>>>>>>>>> ▶ 06-5

英文を見ながら、先生のあとに英語を言ってみよう。

☑

 見ないでリピート >>>>>>>>>> ▶ 06-6

英文を見ずに、先生のあとに英語を言ってみよう。

☑

 しあげのシャドーイング >>> ▶ 06-7

英文を見ずに、先生の声の直後を追いかけて英語を言ってみよう。

☑

最初は間違えてもOK。
問題を解きながら新しい単熟語を覚えましょう。

イラストを参考にしながら対話と応答を聞き、最も適切な応答を**1**、**2**、**3**の中から
一つ選びなさい。

E01

No. 1

No. 2

No. 3

No. 4

No. 5

解答・解説

No. 1　解答　**1**

★ : Lucy, did you see Ms. Taylor?
☆ : I saw her at the gym.
★ : Really? When?
1 Ten minutes ago.
2 In the classroom.
3 With her friends.

★ : ルーシー、テイラー先生を見かけた？
☆ : 体育館で見たわよ。
★ : ほんとうに？　いつ？
1 10分前に。
2 教室で。
3 友だちといっしょに。

解説 男の子は最後にWhen?「いつ？」とたずねています。ルーシーはテイラー先生を見かけた時間を答えるはずなので、**1**が正解です。minuteは「分」の意味で、〜agoは「〜（時間）前に」と過去の時を表します。

No. 2　解答　**2**

☆ : Here's your water.
★ : Thank you, Angela.
☆ : How are you feeling?
1 I worked hard.
2 I'm not well.
3 No, I can't.

☆ : お水をどうぞ。
★ : ありがとう、アンジェラ。
☆ : 気分はどう？
1 一生けんめい働いたよ。
2 よくないよ。
3 いいや、できないよ。

解説 Here's 〜.「〜をどうぞ。」は何かを手渡すときの表現です。女性はHow are you feeling?「気分はどうですか。」と男性に体調をたずねています。wellは「じょうずに、よく」という意味で、体調に関して使うときは「健康で、元気で」という意味になります。

No. 3　解答　**2**

★ : Would you like to go to your favorite restaurant next week, Tomoko?
☆ : Yes, I would!
★ : What day do you want to go?
1 For three hours.
2 On Wednesday or Friday.
3 At the station.

★ : 来週きみのお気に入りのレストランに行くのはどうかな、トモコ？
☆ : ええ、行きたいわ！
★ : 何曜日に行きたい？
1 3時間。
2 水曜日か金曜日に。
3 駅で。

解説 男性がWhat day「何曜日」と質問していることから、特定の日にちや曜日を答えます。曜日、日付を伝えるにはonを使います。**1**のForは期間を表す表現で、時間の長さを答えているので、ここでは不正解です。Would you like to 〜?「〜するのはどうですか。」は提案や誘いの表現です。

No. 4 解答 **3**

★：Excuse me.

☆：Hello. How can I help you?

★：Where can I find men's shoes?

1 My shoes are there.

2 It's very pretty.

3 On the third floor.

★：すみません。

☆：いらっしゃいませ。どのようなご用件でしょうか。

★：紳士ぐつはどこにありますか。

1 私のくつはそこにあります。

2 とてもかわいいですね。

3 3階に。

解説 ▶ Where can I find ～?は「～はどこにありますか。」の意味で、男性客は紳士ぐつ売り場の場所をたずねています。on the ～ floor「～階に［で］」には、one、two などではなく、first、second など、順序を表す数字の言い方を使います。

No. 5 解答 **2**

★：Did you watch the baseball game on TV today?

☆：Yes, Dad.

★：How was it?

1 Yes, it's mine.

2 It was exciting.

3 Here you are.

★：今日テレビで野球の試合を見たかい？

☆：うん、お父さん。

★：どうだった？

1 うん、それは私のよ。

2 わくわくしたわ。

3 はいどうぞ。

解説 ▶ 父親が野球の試合について How was it?「どうだった？」とたずねているので、It was exciting.「わくわくした。」と試合の様子を答えている **2** が自然な受け答えです。**3** の Here you are.「はいどうぞ。」は何かを手渡すときに使う表現です。

まとめて覚える！単熟語

レッスンに登場していない単熟語です。
音声のあとに英語を繰り返しましょう。

● 好きなこと・スポーツ　　　　　　　　　　　　　　　　　　▶ M01

□ draw	動（線）（を）引く、（絵・図）（を）かく　［過去形］drew
□ paint	動（絵の具で）をかく、にペンキをぬる
□ painting	名絵、絵画、絵をかくこと
□ color	名色　動に色をつける、色づく
□ drama	名劇、演劇
□ musical	名ミュージカル　形音楽の
□ trumpet	名トランペット
□ clarinet	名クラリネット
□ hobby	名趣味
□ badminton	名バドミントン
□ cycling	名サイクリング
□ golf	名ゴルフ
□ hockey	名ホッケー、アイスホッケー
□ ice skating	名アイススケート
□ jogging	名ジョギング
□ racket	名（テニスなどの）ラケット
□ camping	名キャンプすること
□ fishing	名魚釣り、漁業

7 家族との会話❶

ぼくの教科書、どこ？

男の子が家の中でさがしものをしているようです。

つきっきり英文解説 >>> ▶ 07-1 ～07-3

モデル音声と解説を聞いて、英文の内容を確認しよう。
大事なところはメモを取ろう。

A: **Mom**, where's my **math textbook**?

B: I don't **know**.

A: I **put** it **on** the **sofa**.

B: I didn't **see** it.　Did you **check** your bag?

A: Yes.　It wasn't **in** there.

B: Oh, **look**, Joe.　It's **under** the **sofa**.

英文の訳

A：お母さん、数学の教科書はどこ？
B：知らないわ。
A：ソファーの上に置いたよ。
B：見なかったわ。バッグはチェックしたの？
A：うん。その中には入ってなかったよ。
B：あ、見て、ジョー。ソファーの下にあるわ。

文法と表現

I put it on the sofa. 〈putの使い方〉
putは「～を置く」という意味。putは不規則動詞で、過去形もputになることに注意。on the sofa（ソファーの上に）などの語句を続けて、置く場所を表すことができる。

次はトレーニング！

合格直行！
Nobu's トレーニング

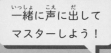

一緒に声に出して
マスターしよう！

① 単語・表現チェック >>>>>> ▶ 07-4

英検によくでるものを集めました。先生のあとに英語を繰り返そう。

☐ **mom**	名 お母さん　●mother（母親）のくだけた言い方。
☐ **math**	名 数学
☐ **textbook**	名 教科書
☐ **know**	動（を）知っている　［過去形］knew
☐ **put**	動 を置く　［過去形］put
☐ **on**	前 〜の上に、〜で、〜に面して、（日や時を表して）〜に
☐ **sofa**	名 ソファー
☐ **check**	動 をチェックする、を点検する　名 チェック、点検、検査
☐ **look** 　☐ **look at 〜** 　☐ **look like 〜**	動（注意して）見る、に見える 〜を見る 〜に似ている、〜に見える
☐ **under**	前 〜の下に［を］、〜未満の

② 見ながらリピート >>>>>>>> ▶ 07-5

英文を見ながら、先生のあとに英語を言ってみよう。

Excuse me.

Excuse me.

③ 見ないでリピート >>>>>>>> ▶ 07-6

英文を見ずに、先生のあとに英語を言ってみよう。

Excuse me.

Excuse me.

④ しあげのシャドーイング >>> ▶ 07-7

英文を見ずに、先生の声の直後を追いかけて英語を言ってみよう。

Excuse me. I want to...

Excuse me. I want to...

8 家族との会話❷

もう出ないと遅れるよ

レッスンに遅刻しそうな娘に、父親が声をかけています。

つきっきり英文解説 >>> 📱 08-1〜08-3

モデル音声と解説を聞いて、英文の内容を確認しよう。
大事なところはメモを取ろう。

A: It's already 3:15, Kate. You **have to leave**, **or** you**'ll be late for** your **piano** lesson.

B: **Just a minute.** I **need to get something** from my bedroom.

A: **Well**, **hurry up**. The **train will leave soon**.

B: OK.

英文の訳

A：もう3時15分だよ、ケイト。出発しないとピアノのレッスンに遅れるよ。

B：ちょっと待って。寝室からものを取ってくる必要があるの。

A：じゃあ、急いで。もうすぐ電車が出るから。

B：わかった。

文法と表現

You have to 〜. / I need to 〜.〈have to *do*、need to *do*〉
have to *do* は「〜しなければならない」という意味。また、need to *do* は「〜する必要がある」という意味。どちらも to のあとには動詞の原形がくる。

you'll 〜. / The train will 〜.〈未来を表す will〉
will は助動詞で、「〜します」という意志や、「〜でしょう」という未来の予想を表し、あとには動詞の原形がくる。会話では I will → I'll、you will → you'll などの短縮形がよく使われる。Will you 〜? は「〜してくれますか。」という依頼の表現。
▶ I'll be busy this afternoon.（今日の午後は忙しいです。）
▶ Will you open the window?（窓を開けてくれますか。）

次はトレーニング！

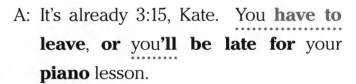

合格直行！
Nobu's トレーニング

元気に言ってみよう！
Don't be shy!

① 単語・表現チェック >>>>>>> ▶ 08-4

英検によくでるものを集めました。先生のあとに英語を繰り返そう。

☐ leave	動（を）出発する、去る、（物）を残す、を（ある状態に）しておく　[過去形] left
☐ or	接 さもないと、〜かあるいは…
☐ will	助（未来への意志を表して）〜します、〜するつもりだ、（未来を表して）〜でしょう、〜だろう　●I'll は I will の、you'll は you will の短縮形。
☐ be late for 〜	〜に遅れる、遅刻する
☐ late	形 遅れた、遅い　副 遅れて、遅く
☐ for	前 〜に向かって、〜のために、〜の目的で、（期間を表して）〜の間
☐ piano	名 ピアノ
☐ Just a minute.	少しお待ちください。
☐ just	副 ただ、ちょうど
☐ minute	名 瞬間、分
☐ need to do	〜する必要がある
☐ need	動 を必要とする
☐ get	動 を手に入れる、を取ってくる、（場所を示す語句をともなって）着く　[過去形] got
☐ something	代 あるもの、何か
☐ hurry up	急ぐ
☐ hurry	動 急ぐ、を急がせる　名 急ぎ
☐ train	名 電車、列車
☐ soon	副 まもなく、すぐに　☑

② 見ながらリピート >>>>>>>>> ▶ 08-5

英文を見ながら、先生のあとに英語を言ってみよう。

Excuse me.
Excuse me.
☑

③ 見ないでリピート >>>>>>>>> ▶ 08-6

英文を見ずに、先生のあとに英語を言ってみよう。

Excuse me.
Excuse me.
☑

④ しあげのシャドーイング >>> ▶ 08-7

英文を見ずに、先生の声の直後を追いかけて英語を言ってみよう。

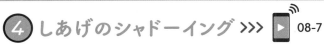
Excuse me. I want to...
Excuse me. I want to...
☑

9

家族との会話❸

何を見ているの？

男の子が見ている動画について、祖母がたずねています。

つきっきり英文解説 >>> 09-1〜09-3

モデル音声と解説を聞いて、英文の内容を確認しよう。
大事なところはメモを取ろう。

A: What are you **watching**, James?

B: It's a **video of** a **dance contest**, **Grandma**.

A: **Are** you **interested in** dancing?

B: Yes. I **want to become** a **professional dancer in the future**.

A: That's a nice **dream**. **Good luck!**

英文の訳

A：何を見ているの、ジェームズ？

B：ダンスコンテストの動画だよ、おばあちゃん。

A：ダンスに興味があるの？

B：うん。将来はプロのダンサーになりたいんだ。

A：それはすてきな夢ね。がんばってね！

文法と表現

I want to become 〜. 〈become、be の使い方〉
become は「〜になる」の意味で、あとには名詞か
形容詞がくる。「〜になる」は、become のかわり
に be もよく使われる。

▶ I want to be a singer.
　（私は歌手になりたいです。）

次はトレーニング！

合格直行！
Nobu's トレーニング

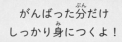
がんばった分だけ
しっかり身につくよ！

 単語・表現チェック >>>>>>> ▶ 09-4

英検によくでるものを集めました。先生のあとに英語を繰り返そう。

☐ watch	動 （を）（注意して）見る　名 腕時計
☐ video	名 動画、ビデオ
☐ of	前（所有・所属を表して）～の、（最上級を用いて）～の中の［で］
☐ dance	名 ダンス　動 踊る
☐ contest	名 コンテスト、競技会
☐ grandma	名 おばあちゃん　● grandmother（祖母）のくだけた言い方。
☐ be interested in ～ 　☐ interested	～に興味がある 形 興味を持った
☐ become	動 になる　［過去形］became
☐ professional	形 プロの、専門職の　名 プロ、専門家
☐ dancer	名 ダンスをする人、舞踊家
☐ in the future 　☐ future	将来（は） 名（ふつう the をつけて）未来、将来
☐ dream	名 夢
☐ Good luck. 　☐ luck	がんばって。／幸運を祈ります。 名 幸運、運

☑

 見ながらリピート >>>>>>>>> ▶ 09-5

英文を見ながら、先生のあとに英語を言ってみよう。

Excuse me.
Excuse me.

☑

 見ないでリピート >>>>>>>>> ▶ 09-6

英文を見ずに、先生のあとに英語を言ってみよう。

Excuse me.
Excuse me.

☑

 **しあげのシャドーイング** >>> ▶ 09-7

英文を見ずに、先生の声の直後を追いかけて英語を言ってみよう。

Excuse me. I want to...
Excuse me. I want to...

☑

次の(   )に入れるのに最も適切なものを **1**、**2**、**3**、**4** の中から一つ選びなさい。

(1) **A :** Look! There are many fruits. Saki, what is your (   ) fruit?

  B : I love cherries.

  1 strong   **2** exciting   **3** favorite   **4** popular

(2) **A :** Mom, can I have that apple?

  B : No, your hands are (   ). Wash your hands first!

  1 free   **2** short   **3** beautiful   **4** dirty

(3) **A :** I bought a new car. Let's go for a (   ).

  B : Sounds good!

  1 drive   **2** hurry   **3** bike   **4** plane

(4) **A :** You speak Chinese very well, Betty.

  B : Thanks. I want to work in China in the (   ).

  1 idea   **2** story   **3** future   **4** thing

(5) **A :** That's the new building!

  B : Wow. It's much (   ) than the old one.

  1 tall   **2** taller   **3** tallest   **4** as tall

解答・解説

(1) 解答 3

Ａ：見て！　たくさん果物があるね。サキ、きみのいちばん好きな果物は何？

Ｂ：サクランボが大好きよ。

1 強い　　　　　　　**2** わくわくする　　　　**3** いちばん好きな　　　**4** 人気のある

解説▶ サキはI love 〜.と好きな果物を答えています。What is your favorite 〜?「あなたのいちばん好きな〜は何ですか。」の形で覚えておきましょう。

(2) 解答 4

Ａ：お母さん、あのリンゴ食べてもいい？

Ｂ：ダメよ、手が汚いわ。まず手を洗って！

1 自由な　　　　　　**2** 短い　　　　　　　　**3** 美しい　　　　　　　**4** 汚い

解説▶ Ｂの発言Wash your hands first! に注意します。手を洗う必要があるのは、dirty「汚い」からだと判断します。Ａの発言のcan I 〜?は「〜してもいい？」と許可を求める表現です。

(3) 解答 1

Ａ：新しい車を買ったんだ。ドライブに行こうよ。

Ｂ：いいわね！

1 ドライブ　　　　　　**2** 急ぐこと　　　　　　**3** 自転車　　　　　　　**4** 飛行機

解説▶ a new car「新しい車」と結びつくのはgo for a drive「ドライブに行く」です。boughtはbuy「〜を買う」の過去形です。

(4) 解答 3

Ａ：とてもじょうずに中国語を話すね、ベティー。

Ｂ：ありがとう。将来は中国で働きたいの。

1 考え　　　　　　　　　　　　　　　　　　　**2** 物語

3（in the futureで）将来（は）　　　　　　　**4** もの、こと

解説▶ in the future「将来は」はよく出題される熟語です。直前でI want to work 〜と言っているので、いつ「働きたい」のか、時を表す表現を入れると文意が通ります。

(5) 解答 2

Ａ：あれが新しいビルだよ！

Ｂ：うわー。古いほうよりもずっと高いね。

解説▶ thanに着目し、比較級tallerを選びます。taller than 〜で「〜よりも高い」という意味です。muchは「ずっと」と比較級を強調します。oneは前にある名詞のかわりで、ここではbuildingのことです。

10

家族との会話❹

お昼、作ってくれる？

おなかが空いた女の子が、父親にお願いをしています。

つきっきり英文解説 >>> 📱 10-1 〜10-3

モデル音声と解説を聞いて、英文の内容を確認しよう。
大事なところはメモを取ろう。

A: **Dad**, can you **cook** lunch?

B: Why? It's not lunchtime **yet**. It's **only** 11:00.

A: I'm **really hungry**.

B: OK. **I'll make** a **sandwich and** some **soup**.

A: Can you **also cook** some **sausages**?

B: **Sure**.

英文の訳

A：お父さん、お昼ごはん作ってくれる？

B：どうして？ まだランチタイムじゃないよ。まだ11時だよ。

A：ほんとうにおなかが空いたの。

B：わかった。サンドイッチとスープを作るよ。

A：ソーセージも料理してくれる？

B：いいよ。

文法と表現

Can you 〜?〈依頼を表す Can you 〜?〉

Can you 〜?は「〜できますか。」という意味だが、「〜してくれる？」という気軽な依頼としてもよく使われる。

▶ Can you open the door?（ドアを開けてくれる？）
　— Sure.（もちろん。）

次はトレーニング！

合格直行！
Nobu's トレーニング

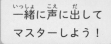
一緒に声に出して
マスターしよう！

 単語・表現チェック >>>>>>> 10-4

英検によくでるものを集めました。先生のあとに英語を繰り返そう。

□ dad	图 お父さん ●father（父親）のくだけた言い方。
□ cook	動 （を）料理する 图 料理をする人、コック
□ yet	副 （否定文で）まだ（〜でない）、（疑問文で）もう
□ only	副 たったの、ほんの、ただ〜だけ 形 ただ1つの
□ hungry	形 空腹の
□ make	動 を作る ［過去形］made
□ sandwich	图 サンドイッチ
□ and	接 〜と…、そして、それで、そうすれば
□ soup	图 スープ
□ also	副 〜も（また）
□ sausage	图 ソーセージ
□ sure	副 もちろん、確かに、（返答として）いいですよ 形 確信して

 見ながらリピート >>>>>>>>> 10-5

英文を見ながら、先生のあとに英語を言ってみよう。

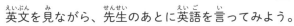

Excuse me.
Excuse me.

 見ないでリピート >>>>>>>>> 10-6

英文を見ずに、先生のあとに英語を言ってみよう。

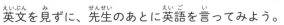

Excuse me.
Excuse me.

 しあげのシャドーイング >>> 10-7

英文を見ずに、先生の声の直後を追いかけて英語を言ってみよう。

Excuse me. I want to...
Excuse me. I want to...

 家族との会話❺

11 雨が降ってきた！

親子で外出していたら、急に雨が降ってきました。

つきっきり英文解説 >>> 📱 11-1 ～11-3

モデル音声と解説を聞いて、英文の内容を確認しよう。
大事なところはメモを取ろう。

A: Oh no, it's **beginning** to **rain**.

B: I don't have an **umbrella**.

A: Let's **call Dad**. **Maybe** he can **pick** us **up**.

B: **Good idea**.

A: **I'll call now**.

英文の訳

A：いけない、雨が降ってきたわ。
B：かさは持ってないよ。
A：お父さんに電話しましょう。ひょっとすると
　　迎えに来てくれるかもしれないわ。
B：いい考えだね。
A：今電話してみるわね。

文法と表現

it's beginning to ～.〈begin の使い方〉
begin は start と同様に「～を始める、始まる」という意味。begin to do または begin doing で「～し始める」という意味になる。
▶ It began to snow.（雪が降り始めました。）

次はトレーニング！

合格直行！
Nobu's トレーニング

元気に言ってみよう！
Don't be shy!

① 単語・表現チェック >>>>>>> ▶ 11-4

英検によくでるものを集めました。先生のあとに英語を繰り返そう。

| □ begin | 動 を始める、始まる　[過去形] began |
| □ finish | 動 を終える、終わる |

□ rain	動 雨が降る　名 雨
□ snow	動 雪が降る　名 雪
□ rainy	形 雨の、雨降りの
□ snowy	形 雪の降る、雪の積もった
□ cloudy	形 くもった

| □ umbrella | 名 雨がさ |

| □ call | 動 (に) 電話する、(を) 呼ぶ　名 電話 (をかけること) |

| □ maybe | 副 ひょっとすると、たぶん |

| □ pick up ～ | ～を車で迎えに行く、～を拾う　●pick ～ up の語順になることもある。 |
| □ pick | 動 を拾う、を選ぶ |

| □ idea | 名 考え、思いつき |
| □ have a good idea | よい考えがある |

② 見ながらリピート >>>>>>>>> ▶ 11-5

英文を見ながら、先生のあとに英語を言ってみよう。

③ 見ないでリピート >>>>>>>>> ▶ 11-6

英文を見ずに、先生のあとに英語を言ってみよう。

④ しあげのシャドーイング >>> ▶ 11-7

英文を見ずに、先生の声の直後を追いかけて英語を言ってみよう。

47

12 ちょっと食べる？

家族との会話❻

夫婦がはじめて訪れたレストランで食事をしています。

つきっきり英文解説 >>> 📱 12-1 ～12-3

モデル音声と解説を聞いて、英文の内容を確認しよう。
大事なところはメモを取ろう。

A: How's your **steak**, Matt?

B: It's **delicious**. Do you want some?

A: Yes, please.

B: **Here you are.**

A: Have some **of** my **chicken salad**.

B: **Thanks.** I **really** like this **restaurant**,

Judy. The **food** is **wonderful**.

英文の訳

A：ステーキはどう、マット？

B：とてもおいしいよ。きみもちょっとほしい？

A：ええ、お願い。

B：どうぞ。

A：私のチキンサラダも少し食べて。

B：ありがとう。ぼくはこのレストランがとても
　気に入ったよ、ジュディ。料理がすばらしい
　ね。

文法と表現

Do you want some? / some of ～
〈some の使い方〉

some は「いくらかの、いくつかの」の意味の形容
詞として名詞の前で使われるほか、あとに名詞を
続けずに「いくらか、いくつか」という代名詞と
しても使われる。some of ～は「～の（うちの）い
くらか、いくつか」という意味。

▶ Do you want some tea?
（あなたは〈いくらかの〉お茶がほしいですか。）

▶ Some of the students walk to school.
（生徒のうちの何人かは歩いて登校します。）

次はトレーニング！

合格直行！
Nobu's トレーニング

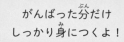
がんばった分だけ
しっかり身につくよ！

① 単語・表現チェック >>>>>>> ▶ 12-4

英検によくでるものを集めました。先生のあとに英語を繰り返そう。

□ steak	名 ステーキ
□ meat	名 肉
□ delicious	形 非常においしい
□ Here you are.	はい、どうぞ。 ●物を手渡すときの言い方。
□ chicken	名 鶏肉、ニワトリ
□ beef	名 牛肉
□ salad	名 サラダ
□ restaurant	名 レストラン
□ cafeteria	名 食堂、カフェテリア
□ food	名 食べ物、食物
□ wonderful	形 すばらしい、すてきな

☑

② 見ながらリピート >>>>>>>>> ▶ 12-5

英文を見ながら、先生のあとに英語を言ってみよう。

Excuse me.
Excuse me.

☑

③ 見ないでリピート >>>>>>>>> ▶ 12-6

英文を見ずに、先生のあとに英語を言ってみよう。

Excuse me.
Excuse me.

☑

④ しあげのシャドーイング >>> ▶ 12-7

英文を見ずに、先生の声の直後を追いかけて英語を言ってみよう。

Excuse me. I want to...
Excuse me. I want to...

☑

イラストを参考にしながら対話と応答を聞き、最も適切な応答を **1**、**2**、**3** の中から一つ選びなさい。

E02

No. 1

No. 2

No. 3

No. 4

No. 5

解答・解説

No. 1　解答　**3**

☆: It's really cold today.
★: Yes, it is.
☆: Let's drink some hot coffee.
1 Thanks for calling.
2 Yes, it's very hot.
3 That's a good idea.

☆: 今日はほんとうに寒いわね。
★: うん、そうだね。
☆: あたたかいコーヒーでも飲みましょう。
1 電話をありがとう。
2 うん、すごく熱いね。
3 それはいい考えだね。

解説 Let's 〜.「いっしょに〜しよう。」と誘われたときの自然な応答を選ぶ問題です。賛成するには**3**のほかに、"Sounds good [great]." "Sure." "OK." "I'd love to."など、いろいろな答え方があります。会話ではどれもよく使われる表現なので、まとめて覚えておきましょう。

No. 2　解答　**3**

☆: Ice skating is difficult.
★: Yeah, but I like it.
☆: Do you often come here?
1 Yes, it's very cold.
2 Yes, five years later.
3 Yes, once a week.

☆: アイススケートは難しいわね。
★: そうだね、でもぼくは好きだよ。
☆: ここにはよく来るの？
1 うん、すごく寒いね。
2 うん、5年後だよ。
3 うん、週に1回だよ。

解説 Do you often come here?と、スケートリンクによく来るのかを男の子にたずねています。once a week「週に1回」と頻度を答える**3**が正解です。頻度や回数を表すときは、twice「2度、2回」、three times「3回」などを使います。

No. 3　解答　**2**

★: Hello. Do you need any help?
☆: I left my hat here.
★: What color is it?
1 It's 10:30.
2 It's green.
3 I didn't know.

★: こんにちは。何かお困りですか。
☆: ここに帽子を忘れてしまったんです。
★: 何色ですか。
1 10時30分です。
2 緑です。
3 知りませんでした。

解説 男性が最後にWhat color「何色」とたずねているので、色を答えている**2**が正解です。What color is it?のitは女性が置き忘れた帽子のことです。Do you need any help?は、相手に手助けが必要かをたずねる表現です。

No.4 解答 3

☆：Oh no, it's raining!

★：Did you bring an umbrella with you?

☆：No, I didn't.

1 I'd like to see him.

2 That's not yours.

3 Let's wait here, then.

☆：いやだわ、雨が降ってる！

★：かさを持ってきた？

☆：ううん、持ってこなかったの。

1 彼に会いたいな。

2 それはきみのではないよ。

3 じゃあ、ここで待とうよ。

解説 〈bring ＋物＋ with ＋人〉は「（人が）（物）を持ち歩く」の意味です。No と答えた女の子はかさを持っていないとわかるので、雨が止むまで待つことを提案する**3**が正解です。it's raining の主語 it は天候を表すときに使い、「それ」とは訳しません。

No.5 解答 1

☆：What are you looking for, Ian?

★：My eraser.

☆：Did you look under the sofa?

1 No, not yet.

2 No, he can't.

3 No, thanks.

☆：何をさがしているの、イアン？

★：消しゴムだよ。

☆：ソファーの下は見た？

1 いや、まだだよ。

2 いや、彼はできないよ。

3 いや、だいじょうぶだよ。

解説 eraser「消しゴム」をさがしているイアンに対して、母親は under the sofa「ソファーの下」を見たかたずねています。not yet「まだ（〜して）いない」を含む**1**が適切です。look for 〜 は「〜をさがす」の意味です。

まとめて覚える！単熟語

● 家・家庭　　　　　　　　　　　　　　　　　　　M02

□ garden	名 庭、庭園
□ mailbox	名 郵便ポスト、郵便受け
□ door	名 戸、ドア
□ key	名 かぎ
□ window	名 窓、窓ガラス
□ bathroom	名 浴室、（遠回しに）トイレ
□ bath	名 浴室、浴そう、入浴
□ shower	名 シャワー
□ brush	名 ブラシ　動 をみがく
□ toothbrush	名 歯ブラシ
□ calendar	名 カレンダー
□ camera	名 カメラ
□ computer	名 コンピューター
□ glass	名 ガラス、コップ、眼鏡（複数形で）
□ magazine	名 雑誌
□ newspaper	名 新聞
□ radio	名 ラジオ
□ telephone	名 電話
□ chopstick	名 （食事用の）はし　●通常、chopsticks（複数形）で使用する。
□ oven	名 オーブン
□ table	名 テーブル、食卓

遅刻ですよ

マイクが遅れて教室に入ると、先生に注意されてしまいました。

つきっきり英文解説 >>> 📱 13-1 〜13-3

モデル音声と解説を聞いて、英文の内容を確認しよう。
大事なところはメモを取ろう。

A: You're **late for class**, Mike.

B: I'm **sorry**, Ms. Sanders.

A: Is **everything** OK?

B: Yes. I **forgot** my **homework at** home **and ran back** to **get** it.

A: OK, I **understand**. **But** please be **more careful next** time.

英文の訳

A：授業に遅刻よ、マイク。

B：ごめんなさい、サンダース先生。

A：何も問題はない？

B：はい。家に宿題を忘れてしまって、それを取りに走ってもどっていたんです。

A：わかったわ、理解しました。でも次回はもっと気をつけてね。

文法と表現

more careful〈比較級〉

「もっと〜」と言うときは比較級を使う。多くの形容詞・副詞は、語尾を er の形にして比較級にする。

▶ Mike is taller than his mother.
（マイクは母親よりも背が高いです。）

careful「注意深い」、important「重要な」のような、一部の比較的長い形容詞・副詞は、もとの形のまま前に more をつけて比較級にする。

▶ Mike will be more careful next time.
（マイクは次回はもっと気をつけるでしょう。）

次はトレーニング！

合格直行！
Nobu's トレーニング

一緒に声に出して
マスターしよう！

① 単語・表現チェック >>>>>> ▶ 13-4

英検によくでるものを集めました。先生のあとに英語を繰り返そう。

☐ class	名 授業、クラス、学級
☐ everything	代 何もかも、すべて
☐ forget	動 (を) 忘れる [過去形] forgot
☐ homework	名 宿題
☐ run	動 走る [過去形] ran
☐ back	副 もとのところへ、後ろへ [に] 形 後ろの 名 背中、後ろ
☐ understand	動 (を) 理解する [過去形] understood
☐ but	接 しかし
☐ more	副 (比較的長い形容詞や副詞を比較級にする) もっと〜、(much の比較級) もっと 形 (many、much の比較級) もっと多い
☐ most	副 (比較的長い形容詞や副詞を最上級にする) 最も〜、(much の最上級) 最も 形 (many、much の最上級) 最も多い
☐ careful	形 注意深い、気をつける

② 見ながらリピート >>>>>>>> ▶ 13-5

英文を見ながら、先生のあとに英語を言ってみよう。

Excuse me.
Excuse me.

③ 見ないでリピート >>>>>>>> ▶ 13-6

英文を見ずに、先生のあとに英語を言ってみよう。

Excuse me.
Excuse me.

④ しあげのシャドーイング >>> ▶ 13-7

英文を見ずに、先生の声の直後を追いかけて英語を言ってみよう。

Excuse me. I want to...
Excuse me. I want to...

14 学校での会話❷

がっこう　かいわ

質問してもいいですか？

しつもん

テストの範囲がわからなくなってしまったので、先生に質問します。
はんい　　　　　　　　　　　　　　　　　　　　　　せんせい　しつもん

つきっきり英文解説 >>> 📱 14-1
～14-3

モデル音声と解説を聞いて、英文の内容を確認しよう。
おんせい　かいせつ　き　　えいぶん　ないよう　かくにん
大事なところはメモを取ろう。
だいじ　　　　　　　　　　　と

A: Mr. Green, **may** I **ask** a **question**?

B: **Of course.**

A: What **pages** do I **need to study for**
next week's **quiz**?

B: **Read pages** 10 to 14.　Study the new
words.

A: OK, **thank you.**

英文の訳

A：グリーン先生、質問してもよろしいですか。
せんせい　しつもん

B：もちろんです。

A：来週の小テストのためにどのページを勉強す
らいしゅう　しょう　　　　　　　　　　べんきょう
る必要がありますか。
ひつよう

B：10ページから14ページを読んで。新しい単語
よ　　あたら　たんご
を勉強してくださいね。
べんきょう

A：わかりました、ありがとうございます。

文法と表現

may I ask a question? 〈May I ～? の使い方〉
つか　かた
May I ～? は「（私が）～してもよろしいですか。」
わたし
の意味で、許可をえるときに使う。May I のあとに
いみ　きょか　　　　　　つか
は動詞の原形が続く。Can I ～?「～してもいい?」
どうし　げんけい　つづ
よりもていねいな言い方で、目上の人に対しても
い　かた　めうえ　ひと　たい
使える。
つか

次はトレーニング！

合格直行！
Nobu's トレーニング

元気に言ってみよう！
Don't be shy!

① 単語・表現チェック ＞＞＞＞＞＞＞ ▶ 14-4

英検によくでるものを集めました。先生のあとに英語を繰り返そう。

□ may	助 (許可を表して) 〜してもよい、(推量を表して) 〜かもしれない
□ ask	動 (を) たずねる、質問する、(を) 頼む
□ tell	動 (を) 話す、(を) 言う ［過去形］told
□ question	名 質問、問題
□ Of course.	もちろんです。／当然です。
□ course	名 進路、コース、課程、科目
□ page	名 (本の) ページ
□ quiz	名 小テスト、クイズ
□ test	名 テスト、試験
□ read	動 (を) 読む ［過去形］read
□ word	名 単語、語、言葉

② 見ながらリピート ＞＞＞＞＞＞＞＞＞ ▶ 14-5

英文を見ながら、先生のあとに英語を言ってみよう。

③ 見ないでリピート ＞＞＞＞＞＞＞＞＞ ▶ 14-6

英文を見ずに、先生のあとに英語を言ってみよう。

④ しあげのシャドーイング ＞＞＞ ▶ 14-7

英文を見ずに、先生の声の直後を追いかけて英語を言ってみよう。

15

カナダの出身なの?

ロンドンの中学校。男子生徒がアリスと話しています。

つきっきり英文解説 >>> 📱 15-1 〜15-3

モデル音声と解説を聞いて、英文の内容を確認しよう。
大事なところはメモを取ろう。

A: You're from **Canada**, Alice?

B: Yeah. I **lived** there **for** 10 **years**.

A: Why did you **move** here to **London**?

B: My **dad** **works** here **now**.

A: Do you **still** **sometimes** **visit** **Canada**?

B: Yes, **once** a **year**.

英文の訳

A：カナダの出身なの、アリス?
B：ええ。10年間そこに住んでいたの。
A：どうしてここロンドンに引っ越してきたの?
B：お父さんが今ここで働いているの。
A：今でもときどきカナダを訪れる?
B：うん、年に1回ね。

文法と表現

once a year 〈onceの使い方〉
once は「1度、1回」、twice は「2度、2回」という意味。あとに a year「1年」、a month「1か月」、a week「1週間」などの語句を続けて頻度を表すことができる。

▶ I meet him once a week.
（私は1週間に1回彼に会います。）

▶ We go to London twice a year.
（私たちは年に2回ロンドンに行きます。）

次はトレーニング！

Nobu's トレーニング

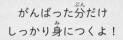
がんばった分だけ
しっかり身につくよ！

① 単語・表現チェック >>>>>>> 15-4

英検によくでるものを集めました。先生のあとに英語を繰り返そう。

☐ Canada	名 カナダ
☐ live 　☐ life	動 住む、生きる、暮らす 名 生活、生命、一生、人生
☐ move	動 引っ越す、動く、を動かす
☐ London	名 ロンドン（英国の首都）
☐ work 　☐ job	動 働く、勉強する　名 仕事、勉強、作品 名 仕事、職
☐ still	副 今でも、まだ、（比較級をともなって）なおいっそう
☐ sometimes	副 ときどき、ときには
☐ visit	動 （を）訪れる、（を）訪問する　名 訪問、見学
☐ once 　☐ twice	副 1度、1回、かつて 副 2度、2回、2倍

☑

② 見ながらリピート >>>>>>>>> 15-5

英文を見ながら、先生のあとに英語を言ってみよう。

☑

③ 見ないでリピート >>>>>>>>> 15-6

英文を見ずに、先生のあとに英語を言ってみよう。

☑

④ しあげのシャドーイング >>> 15-7

英文を見ずに、先生の声の直後を追いかけて英語を言ってみよう。

☑

次の会話について、（　　　　）に入れるのに最も適切なものを 1、2、3、4 の中から一つ選びなさい。

(1)　　　　**Man :** Hi, Mary. Did you enjoy the party last night?

Woman : Yes. (　　　　) We talked about a lot of things.

1 His birthday is July 17.　　**2** I'll buy a present for him.

3 It starts at five o'clock.　　**4** There were many people there.

(2)　　**Mother :** Bob, will you take a bath now?

Son : Sorry, I can't, Mom. (　　　　)

1 That's a good idea.

2 That's all for today.

3 I'm still doing my homework.

4 I'll call you again tomorrow.

(3)　　**Father :** I'm cooking dinner tonight. (　　　　)

Daughter : I want to have some pizza.

Father : OK, I'll make that.

1 Did you eat well?　　　　**2** Are you cooking now?

3 What do you want to eat?　　**4** May I help you?

(4)　　　　**Girl :** Where did you get that shirt? It's very nice.

Boy : Thank you, Nancy. (　　　　)

1 My grandma gave it to me.　**2** I sold it yesterday.

3 You look like an actor.　　**4** I'll go shopping.

(5)　　**Woman :** Wow. You're here early, Nick. (　　　　)

Man : I got up late, so I came by taxi.

1 Where did you find a taxi?　**2** How did you get here?

3 What will you do today?　　**4** What time did you go to bed?

解答・解説

(1) 解答 4

男性：やあ、メアリー。昨夜のパーティーは楽しかった？
女性：ええ。そこにはたくさん人がいたわ。いろんな話をしたのよ。

1 彼の誕生日は7月17日よ。　　　　　　**2** 彼へのプレゼントを買うつもりよ。
3 5時に始まるのよ。　　　　　　　　　**4** そこにはたくさん人がいたわ。

> **解説** 男性がDid you 〜 last night? と昨夜のことをたずねているので、動詞の過去形wereを含む**4**が正解。many peopleの後ろのthereはat the partyのこと。**3**のatは場所ではなく時刻を表しています。

(2) 解答 3

母親：ボブ、今おふろに入ってくれる？
息子：ごめん、できないよ、お母さん。まだ宿題をしているんだ。

1 いい考えだね。　　　　　　　　　　**2** 今日はこれで終わりだよ。
3 まだ宿題をしているんだ。　　　　　**4** 明日また電話するよ。

> **解説** 母親のwill you 〜?「〜してくれる？」に対し、息子はSorryと断っています。その理由は別のことをしている最中だからだと考え、現在進行形〈be動詞＋動詞のing形〉の**3**を選びます。

(3) 解答 3

父親：今夜はぼくが夕食を作るよ。何が食べたい？
娘：ピザが食べたいな。
父親：いいよ、それを作ろう。

1 しっかり食べたかい？　　　　　　　**2** 今料理しているの？
3 何が食べたい？　　　　　　　　　　**4** 手伝おうか？

> **解説** 娘がI want to have some pizza. と答えていることから、父親は食べたいものをたずねているとわかります。I'm cooking dinner tonight.は、父親が今夜する予定を現在進行形で表しています。

(4) 解答 1

女の子：そのシャツどこで買ったの？　すごくすてきよ。
男の子：ありがとう、ナンシー。ぼくのおばあちゃんがくれたんだ。

1 ぼくのおばあちゃんがくれたんだ。　　**2** 昨日売ったんだ。
3 俳優のように見えるよ。　　　　　　　**4** 買い物に行くつもりだよ。

> **解説** didを使った質問への返答には動詞の過去形を使うので、正解は**1**か**2**。soldはsell「〜を売る」の過去形で、ここでは文意が通らないので**2**は不適切。**1**のitはthat shirtのことです。

(5) 解答 2

女性：あら。早いのね、ニック。どうやってここに来たの？
男性：寝坊したから、タクシーで来たんだ。

1 どこでタクシーを見つけたの？　　　　**2** どうやってここに来たの？
3 今日は何をするつもり？　　　　　　　**4** 何時に寝たの？

> **解説** 男性のI came by taxiという発言に注目します。by 〜（交通手段）は「〜を使って」の意味なので、女性はHow「どのように」と手段をたずねているとわかります。

16

お店などでの会話❶

ご注文はお決まりですか？

昼食をとりに、レストランに入りました。

つきっきり英文解説 >>> 📱 16-1 ～16-3

モデル音声と解説を聞いて、英文の内容を確認しよう。
大事なところはメモを取ろう。

A: **Welcome to** Manny's **Restaurant.**
 Are you ready to order?

B: Yes. **I'd like** the cheese **pizza and**
 beef **stew.**

A: **Would you like something** to **drink?**

B: A **large** orange **juice**, please.

A: **Anything else?**

B: **That's all, thanks.**

英文の訳

A：マニーズ・レストランへようこそ。ご注文は
　　お決まりですか。

B：はい。チーズピザとビーフシチューをお願い
　　します。

A：何かお飲み物はいかがですか。

B：Ｌサイズのオレンジジュースをお願いします。

A：ほかに何かございますか。

B：以上です、ありがとう。

文法と表現

I'd like ～. / Would you like ～?
〈would like の使い方〉

I'd like は I would like の短縮形。would like は want の
ていねいな言い方で、「～がほしい」という意味。
同様に Would you like ～? は Do you want ～? のて
いねいな言い方で、「～がほしいですか。」「～はい
かがですか。」という意味。

次はトレーニング！

合格直行！
Nobu's トレーニング

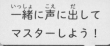
一緒に声に出して
マスターしよう！

 単語・表現チェック >>>>>>> 16-4

英検によくでるものを集めました。先生のあとに英語を繰り返そう。

☐ Welcome to 〜.	〜にようこそ。
☐ welcome	間 いらっしゃい、ようこそ 形 歓迎される 動 を歓迎する 名 歓迎
☐ Are you ready to order?	ご注文はお決まりですか。／注文をする準備はできていますか。
☐ ready	形 用意ができて
☐ order	動 を注文する
☐ I'd like 〜.	〜がほしいのですが。 ●I would like 〜. の短縮形。I want 〜. のていねいな言い方。
☐ would	助 (will の過去形) 〜だろう、(Would you 〜? で) 〜してくださいませんか。
☐ pizza	名 ピザ
☐ stew	名 シチュー
☐ Would you like 〜?	〜はいかがですか。
☐ drink	動 (を) 飲む ［過去形］drank 名 飲み物
☐ large	形 大きい、多数［量］の
☐ juice	名 ジュース
☐ Anything else?	ほかには何かありますか。
☐ anything	代 何か、何も、何でも
☐ else	副 そのほかに
☐ That's all.	それだけです。／以上です。

 見ながらリピート >>>>>>>>> 16-5

英文を見ながら、先生のあとに英語を言ってみよう。

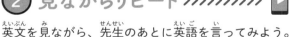 
Excuse me.
Excuse me.

 **見ないでリピート** >>>>>>>>> 16-6

英文を見ずに、先生のあとに英語を言ってみよう。

Excuse me.
Excuse me.

 しあげのシャドーイング >>> 16-7

英文を見ずに、先生の声の直後を追いかけて英語を言ってみよう。

Excuse me. I want to...
Excuse me. I want to...

17

お店などでの会話❷

セーターをさがしています

女性客が洋服店に入って、店員に話しかけます。

つきっきり英文解説 >>> 🔲 📶 17-1 ～17-3

モデル音声と解説を聞いて、英文の内容を確認しよう。
大事なところはメモを取ろう。

A: Hi, I'm **looking for** a **sweater**.

B: **Sure. How about** these?

A: I **love** this blue **one**. Do you have this
in a **smaller size**?

B: Yes, **here it is.**

A: **How much** is it?

B: Seventy **dollars**. It's **on sale**.

英文の訳

A：こんにちは、セーターをさがしているんです
　　が。
B：かしこまりました。これらはいかがですか。
A：この青いのがとても気に入りました。これの
　　もっと小さいサイズはありますか。
B：はい、こちらです。
A：おいくらですか。
B：70ドルです。セール中です。

文法と表現

this blue one 〈代名詞の one〉

one は「1、1つの」という意味のほかに、代名詞と
しても使われる。代名詞の one は前に出た数えら
れる名詞を繰り返すかわりに使われ、上の英文の
this blue one は this blue sweater を表している。

次はトレーニング！

64

合格直行！
Nobu's トレーニング

元気に言ってみよう！
Don't be shy!

① 単語・表現チェック ＞＞＞＞＞＞＞ ▶ 17-4

英検によくでるものを集めました。先生のあとに英語を繰り返そう。

□ look for 〜	〜をさがす
□ sweater	名 セーター
□ shirt	名 ワイシャツ、シャツ
□ love	動 が大好きである、を愛する　名 愛
□ one	代（前に述べられた数えられる名詞のかわりとして）もの、1つ 形 1つの、ある　名 1
□ small	形 小さい　● smaller は small の比較級。
□ size	名 大きさ、寸法
□ Here it is.	はい、どうぞ。　● 1つの物を手渡すときの表現。
□ How much 〜 ?	いくら［どのくらい］の〜？　● 値段や量をたずねるときの表現。
□ dollar	名（米国・カナダなどの貨幣単位）ドル　● $ とも表記する。
□ on sale	特売中で、売り出し中で
□ sale	名 特売、バーゲンセール、販売

② 見ながらリピート ＞＞＞＞＞＞＞＞＞ ▶ 17-5

英文を見ながら、先生のあとに英語を言ってみよう。

Excuse me.
Excuse me.

③ 見ないでリピート ＞＞＞＞＞＞＞＞＞ ▶ 17-6

英文を見ずに、先生のあとに英語を言ってみよう。

Excuse me.
Excuse me.

④ しあげのシャドーイング ＞＞＞ ▶ 17-7

英文を見ずに、先生の声の直後を追いかけて英語を言ってみよう。

Excuse me. I want to...
Excuse me. I want to...

18

お店などでの会話❸

手紙を送りたいのですが

海外に手紙を出すために、郵便局に来ました。

つきっきり英文解説 >>> 📱 18-1 〜18-3

モデル音声と解説を聞いて、英文の内容を確認しよう。
大事なところはメモを取ろう。

A: **Excuse me, I'd like to send** this **letter** to **Australia**.

B: **Sure**.

A: I don't have a **stamp yet**. Can I **buy** it here?

B: Yes, you can.

A: **And how long** will it **take** to **send** this?

B: **Usually**, it **takes** a week.

英文の訳

A：すみません、この手紙をオーストラリアに送りたいのですが。

B：かしこまりました。

A：まだ切手を持っていないのです。ここで買えますか。

B：はい、買えますよ。

A：それで、これを送るのにどれくらいの時間がかかりますか。

B：通常、1週間かかります。

文法と表現

how long will it take to 〜? 〈takeの使い方〉

takeには「〜を取る」という意味のほかに、「時間がかかる」という意味もある。たとえば、It takes 〜 minutes to … .で「…するのに〜分かかる。」という意味になる。

▶ It takes 30 minutes to get to the station.
（駅に行くには30分かかります。）

次はトレーニング！

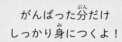

がんばった分だけ
しっかり身につくよ！

合格直行！
Nobu's トレーニング

 単語・表現チェック >>>>>>> 18-4

英検によくでるものを集めました。先生のあとに英語を繰り返そう。

☐ Excuse me.	すみません。／ちょっと失礼します。
☐ I'd like to *do*.	〜したいのですが。　●I would like to *do*. の短縮形。I want to *do*. のていねいな言い方。
☐ send	動 を送る　［過去形］sent
☐ letter	名 手紙、文字
☐ Australia	名 オーストラリア
☐ stamp	名 切手、印　動 に切手をはる
☐ buy	動 を買う　［過去形］bought
☐ sell	動 を売る　［過去形］sold
☐ How long 〜？	どのくらいの長さの〜？　●期間や物の長さをたずねるときの表現。
☐ usually	副 いつもは、ふつう
☐ usual	形 いつもの、ふつうの

☑

 見ながらリピート >>>>>>>>> 18-5

英文を見ながら、先生のあとに英語を言ってみよう。

Excuse me.

Excuse me.

☑

 見ないでリピート >>>>>>>>> 18-6

英文を見ずに、先生のあとに英語を言ってみよう。

Excuse me.

Excuse me.

☑

 しあげのシャドーイング >>> 18-7

英文を見ずに、先生の声の直後を追いかけて英語を言ってみよう。

Excuse me. I want to...

Excuse me. I want to...

☑

67

対話と質問を聞き、その答えとして最も適切なものを **1**、**2**、**3**、**4** の中から一つ選びなさい。 E03

No. 1
   1 She is late for school.
   2 She is very hungry.
   3 She doesn't feel well.
   4 She doesn't want to sleep.

No. 2
   1 It will be very far.
   2 It will take 20 minutes.
   3 They will go by bus.
   4 They will go this Saturday.

No. 3
   1 He was sleeping.
   2 He was in a meeting.
   3 He called his friend.
   4 He left the phone at home.

No. 4
   1 Look at some shoes.
   2 Buy some magazines.
   3 Go to the fifth floor.
   4 Look for the store.

No. 5
   1 Their pets.
   2 Animals in a zoo.
   3 Books in the library.
   4 Fruits in the supermarket.

解答・解説

No. 1　解答　3

★: What's wrong, Jenny?

☆: I don't feel well, Dad. I think I have a cold.

★: Really? You have to go to bed.

☆: OK. I will.

Question: What is Jenny's problem?

★：どうしたんだい、ジェニー？

☆：気分がよくないの、お父さん。風邪をひいたと思うわ。

★：ほんとうかい？　寝ないといけないよ。

☆：ええ。そうするわ。

質問：ジェニーの問題は何ですか。

1 学校に遅刻する。　　　　　**2** とてもおなかが空いている。
3 気分がよくない。　　　　　**4** 眠りたくない。

解説　What's wrong? は「どうしたのですか。」と様子や状況をたずねる表現で、会話を理解するキーになる表現です。この質問に対してジェニーは I don't feel well「気分がよくない」と答えています。have to do は「〜しなければならない」の意味です。

No. 2　解答　3

☆: Is the lake far from here?

★: It takes about 20 minutes by bus.

☆: Good. How about going there this Sunday?

★: Sounds fun!

Question: How will they go to the lake?

☆：湖はここから遠いかな？

★：バスで20分くらいかかるよ。

☆：いいわね。今度の日曜日に行かない？

★：楽しそうだね！

質問：彼らはどうやって湖へ行くつもりですか。

1 とても遠い。　　　　　　　**2** 20分かかる。
3 バスで行く。　　　　　　　**4** 今度の土曜日に行く。

解説　質問の How は、「どのように、どうやって」と手段や方法をたずねています。**3** では by 〜（交通手段）という表現を使って、バスで行くと答えています。〈take ＋時間〉は「（時間）がかかる」の意味で、How about 〜?「〜はどうですか。」は提案の表現です。

No. 3　解答　4

★: I'm sorry I'm so late.

☆: I called you, Thomas.

★: Sorry, I left my phone at home.

☆: All right. Let's start the meeting.

Question: Why didn't Thomas answer the phone?

★：遅れてすみません。

☆：電話したのよ、トーマス。

★：ごめんなさい、電話を家に置いてきてしまったんです。

☆：わかったわ。会議を始めましょう。

質問：トーマスはどうして電話に出なかったのですか。

1 眠っていた。　　　　　　　　**2** 会議中だった。

3 友だちに電話した。　　　　　**4** 電話を家に置いてきた。

解説▶ 女性のI called youという発言からphone「電話」の話題が始まります。発言を受けたトーマスが、Sorryと謝ったあとに電話に出なかった理由を説明しているので、I left my phone at homeの聞きとりがポイントです。leftはleave「〜を置き忘れる」の過去形です。

No.4　解答　1

☆：Andy, I'll look at the shoes on the second floor.

★：OK. I'll go to the fifth floor.

☆：What will you look for there?

★：Some magazines.

Question: What is the woman going to do next?

☆：アンディー、2階でくつを見てくるわ。

★：わかったよ。ぼくは5階に行くよ。

☆：そこで何をさがすの？

★：雑誌だよ。

質問：女性は次に何をしますか。

1 くつを見る。　　　　　　　　**2** 雑誌を買う。

3 5階に行く。　　　　　　　　**4** 店をさがす。

解説▶ 質問では、女性の次の行動をたずねています。女性はthe second floor「2階」でshoes「くつ」、男性はthe fifth floor「5階」でmagazines「雑誌」と、人と情報の組み合わせを整理します。I'llはI willの短縮形、look for 〜は「〜をさがす」の意味です。

No.5　解答　2

★：Visiting the zoo was fun!

☆：Yeah. I loved the elephants. They were eating apples.

★：I liked the tigers, but they were sleeping.

☆：We couldn't see them well.

Question: What are they talking about?

★：動物園に行ったの楽しかったね！

☆：うん。ゾウが気に入ったわ。リンゴを食べていたね。

★：ぼくはトラがよかったけど、眠っていたよ。

☆：よく見えなかったね。

質問：彼らは何について話していますか。

1 彼らのペット。　　　　　　　**2** 動物園の動物。

3 図書館の本。　　　　　　　　**4** スーパーマーケットの果物。

解説▶ 最初のVisiting the zoo was fun!という発言のほかに、elephants、tigersなどの言葉から話題を推測します。**2**ではゾウとトラをAnimalsに言い換えています。applesが**4**のFruitsと関連しそうですが、supermarketは会話の内容とあわないので不正解です。

まとめて覚える！単熟語

レッスンに登場していない単熟語です。
音声のあとに英語を繰り返しましょう。

● 学校・勉強　　📶▶M03

☐ library	名 図書館
☐ blackboard	名 黒板
☐ eraser	名 消しゴム、黒板消し
☐ example	名 例
☐ paper	名 紙、新聞、答案用紙
☐ grade	名 学年、等級、成績の点数
☐ uniform	名 制服、ユニフォーム
☐ become friends	友だちになる
☐ make friends with 〜	〜と親しくなる、〜と友だちになる

● 食事・買い物　　📶▶M04

☐ cherry	名 サクランボ
☐ chocolate	名 チョコレート
☐ hamburger	名 ハンバーガー
☐ pie	名 パイ
☐ coat	名 コート、上着
☐ ring	名 指輪　動 （電話・ベルなどが）鳴る
☐ tie	名 ネクタイ　動 を結ぶ
☐ money	名 お金
☐ expensive	形 高価な

19

ホテルはどこですか？

道に迷ってしまった観光客が、街の人に話しかけます。

つきっきり英文解説 >>> 📱 19-1 〜19-3

モデル音声と解説を聞いて、英文の内容を確認しよう。
大事なところはメモを取ろう。

A: **Excuse me,** is Greg **Hotel near** here?

B: Yes. Walk down this **street**. **Turn right** at the **second corner**.

A: Oh, that's **easy**.

B: You'll **see** it **on** your **left**. It's **across** the **street** from a **bank**.

A: OK, **thank you.**

英文の訳

A：すみません、グレッグ・ホテルはこの近くで
すか。

B：はい。この通りを進んでください。2つ目の
角で右に曲がってください。

A：あ、それは簡単ですね。

B：それは左手に見えますよ。銀行の向かいにあ
ります。

A：わかりました、ありがとうございます。

文法と表現

near 〜 / across 〜〈場所・位置を表す前置詞〉
道案内では、次のような前置詞がよく使われる。

▶ near the post office （郵便局の近くに）

▶ across the street （通りの反対側に）

▶ next to the bank （銀行のとなりに）

▶ in front of the station （駅の前に）

次はトレーニング！

合格直行！
Nobu's トレーニング

一緒に声に出して
マスターしよう！

① 単語・表現チェック >>>>>> ▶ 19-4

英検によくでるものを集めました。先生のあとに英語を繰り返そう。

☐ hotel	名 ホテル
☐ near	前 〜の近くに　副 近くに　形 近い
☐ street	名 （市街にある）通り
☐ road	名 道、道路
☐ turn	動 （の）向き［進路］を変える、をまわす、まわる、ふり向く　名 回転、順番
☐ right	副 右に、正しく、ちょうど　形 右の、正しい、正確な　名 右
☐ second	形 2番目の
☐ corner	名 曲がり角、角
☐ easy	形 簡単な、やさしい、気楽な
☐ left	名 左　副 左に　形 左の
☐ across	前 〜の反対側に、〜を横切って
☐ bank	名 銀行

② 見ながらリピート >>>>>>>>> ▶ 19-5

英文を見ながら、先生のあとに英語を言ってみよう。

Excuse me.

Excuse me.

③ 見ないでリピート >>>>>>>>> ▶ 19-6

英文を見ずに、先生のあとに英語を言ってみよう。

Excuse me.

Excuse me.

④ しあげのシャドーイング >>> ▶ 19-7

英文を見ずに、先生の声の直後を追いかけて英語を言ってみよう。

Excuse me. I want to...

Excuse me. I want to...

20

道案内・電話❷

歩いて行けますか？

博物館に行きたい観光客が、観光案内所の窓口で質問しています。

つきっきり英文解説 >>> 🔊 20-1 〜20-3

モデル音声と解説を聞いて、英文の内容を確認しよう。
大事なところはメモを取ろう。

A: I **want to go** to the Richard **Museum**.
Can I walk there?

B: You can, **but** it **takes over** 30
minutes. You **should use** the **train**.

A: **I see.** Is it the Red **Line**?

B: Yes. **Get off at** the **third stop**.

英文の訳

A: リチャード博物館に行きたいです。そこへ歩いて行けますか。

B: 行けますが、30分以上かかります。電車を使ったほうがいいですよ。

A: なるほど。レッドラインですか。

B: はい。3つ目の駅で降りてください。

文法と表現

You should 〜.〈should、must の使い方〉

should は「〜したほうがよい」「〜すべきである」という意味の助動詞。また、must は「〜しなければならない」という意味の助動詞。どちらも動詞の原形が続く。

▶ You should study hard.
（あなたは一生けんめい勉強したほうがいい。）

▶ I must study hard.
（私は一生けんめい勉強しなければならない。）

次はトレーニング！

合格直行！
Nobu's トレーニング

元気に言ってみよう！
Don't be shy!

① 単語・表現チェック >>>>>> ▶ 20-4

英検によくでるものを集めました。先生のあとに英語を繰り返そう。

☐ museum	名 博物館、美術館
☐ over	前 ～を超えて、～より多く、～の上に、～を越えて 副 上方に、越えて、終わって、済んで
☐ should 　☐ must	助 ～したほうがよい、～すべきである 助 ～しなければならない、～にちがいない、（否定形で）～してはいけない
☐ use 　☐ useful	動 を使う 形 役に立つ、有益な
☐ I see.	わかりました。
☐ line	名 （電車などの）路線、線、（文章の）行、行列
☐ get off (～) 　☐ get on (～)	(～から) 降りる (～に) 乗る
☐ third	形 3番目の
☐ stop	名 停留所、中止　動 を止める、をやめる、止まる、立ち止まる

② 見ながらリピート >>>>>>>>> ▶ 20-5

英文を見ながら、先生のあとに英語を言ってみよう。

Excuse me.

Excuse me.

③ 見ないでリピート >>>>>>>>> ▶ 20-6

英文を見ずに、先生のあとに英語を言ってみよう。

Excuse me.

Excuse me.

④ しあげのシャドーイング >>> ▶ 20-7

英文を見ずに、先生の声の直後を追いかけて英語を言ってみよう。

Excuse me. I want to...

Excuse me. I want to...

ケビンはいますか？

ユミコがケビンの家に電話をかけたら、ケビンの父親が出ました。

つきっきり英文解説 >>> 📱 21-1 〜21-3

モデル音声と解説を聞いて、英文の内容を確認しよう。
大事なところはメモを取ろう。

A: Hello, this is Yumiko. **May** I **speak to** Kevin?

B: **Sorry**, he's **out right now**. He **just left for** baseball **practice**.

A: OK.

B: Can I **take** a message?

A: No, that's **fine**. I'll **call back later**.

B: He'll be **back at around** 5 p.m.

英文の訳

A：もしもし、ユミコです。ケビンと話したいのですが。

B：ごめんね、彼は今外出しているんだ。ちょうど野球の練習に行ったところなんだよ。

A：そうなんですね。

B：伝言を預かろうか？

A：いえ、だいじょうぶです。あとでかけ直します。

B：彼は午後5時ごろにもどってくる予定だよ。

文法と表現

this is 〜. / May I speak to 〜? など
〈電話で使う表現〉
電話では、いくつか決まった表現が使われる。次の言い方を覚えておこう。

▶ This is 〜.
（〈電話で名前を名乗って〉こちらは〜です。）

▶ May [Can] I speak to 〜?
（〜と話したいのですが。／〜はいますか。）

▶ Can I take a message?
（伝言をお預かりしましょうか。）

▶ Can I leave a message?
（伝言を残してもいいですか。）

次はトレーニング！

合格直行！
Nobu's トレーニング

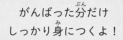
がんばった分（ぶん）だけ
しっかり身（み）につくよ！

① 単語・表現チェック >>>>>>> ▶ 21-4

英検（えいけん）によくでるものを集（あつ）めました。先生（せんせい）のあとに英語（えいご）を繰（く）り返（かえ）そう。

☐ speak to 〜 ☐ speak	〜と話（はな）す、〜に話（はな）しかける 動（を）話（はな）す、演説（えんぜつ）する ［過去形（かこけい）］spoke
☐ out	副 外（そと）に［へ］、不在（ふざい）で
☐ right now	現在（げんざい）、たった今（いま）、今（いま）すぐに
☐ leave for 〜	〜に（向（む）けて）出発（しゅっぱつ）する
☐ fine	形 構（かま）わない、結構（けっこう）な、すばらしい、晴（は）れた、健康（けんこう）で
☐ call back（〜）	（に）電話（でんわ）をかけ直（なお）す
☐ later	副 あとで、もっと遅（おそ）く
☐ around	副 およそ〜、〜ごろ、まわりを［に］ 前 〜のまわりに［を］、〜のまわりを回（まわ）って、〜のあちこちを、〜じゅうを

② 見（み）ながらリピート >>>>>>>>> ▶ 21-5

英文（えいぶん）を見（み）ながら、先生（せんせい）のあとに英語（えいご）を言（い）ってみよう。

Excuse me.
Excuse me.

③ 見（み）ないでリピート >>>>>>>>> ▶ 21-6

英文（えいぶん）を見（み）ずに、先生（せんせい）のあとに英語（えいご）を言（い）ってみよう。

Excuse me.
Excuse me.

④ しあげのシャドーイング >>> ▶ 21-7

英文（えいぶん）を見（み）ずに、先生（せんせい）の声（こえ）の直後（ちょくご）を追（お）いかけて英語（えいご）を言（い）ってみよう。

Excuse me. I want to...
Excuse me. I want to...

対話と質問を聞き、その答えとして最も適切なものを**1**、**2**、**3**、**4**の中から一つ選びなさい。 E04

No. 1　　**1** On Monday.
　　　　　2 On Tuesday.
　　　　　3 On Wednesday.
　　　　　4 On Thursday.

No. 2　　**1** Nina.
　　　　　2 Nina's brother.
　　　　　3 Nina's father.
　　　　　4 Nina's mother.

No. 3　　**1** Three.
　　　　　2 Five.
　　　　　3 Eight.
　　　　　4 Thirteen.

No. 4　　**1** By the oranges.
　　　　　2 On the kitchen table.
　　　　　3 In the shopping bag.
　　　　　4 In the living room.

No. 5　　**1** Take a dance lesson.
　　　　　2 Go home early.
　　　　　3 Dance at home.
　　　　　4 Practice with Fred.

解答・解説

No. 1 解答 **3**

★：Liz, is the English test on Wednesday?

☆：No, it's on Thursday, Takeshi.

★：What test is on Wednesday?

☆：We have the math test then.

Question: When do they have the math test?

★：リズ、英語のテストは水曜日だっけ？	
☆：いいえ、木曜日よ、タケシ。	
★：水曜日は何のテストがあるの？	
☆：そのときは数学のテストがあるわ。	
質問：彼らはいつ数学のテストを受けますか。	

1 月曜日に。　　　　　　**2** 火曜日に。

3 水曜日に。　　　　　　**4** 木曜日に。

解説　選択肢に曜日が並ぶので、曜日とテスト科目の組み合わせに注意します。質問は数学のテストの実施日についてです。リズがthe math testと答える直前にタケシがWhat test is on Wednesday? とたずねているので、水曜日に数学のテストがあるとわかります。

No. 2 解答 **4**

☆：What are you making, Dad?

★：I'm cooking spaghetti. Your brother likes it.

☆：Who will make the cake for the party, then?

★：Your mom will, Nina.

Question: Who will make the cake?

☆：何を作っているの、お父さん？

★：スパゲッティを作っているよ。お兄さんが好きなんだ。

☆：じゃあ、だれがパーティー用のケーキを作るのかしら。

★：お母さんだよ、ニーナ。

質問：だれがケーキを作りますか。

1 ニーナ。　　　　　　**2** ニーナの兄［弟］。

3 ニーナの父親。　　　　　　**4** ニーナの母親。

解説　前半で父親がI'm cooking spaghetti. と答えていることから、**3**は不正解。そのあとのニーナのWho will make the cake for the party, then? に対して、父親はYour mom will と答えているので、**4**が正解です。現在進行形〈be動詞＋動詞のing形〉は今実行中の動作を、will は未来のことを表します。

No. 3 解答 **3**

☆：Paul, can you carry that box for me?

★：Sure. What's in it?

☆：Eight magazines and five dictionaries are in it.

★：That sounds heavy.

Question: How many magazines are in the box?

☆：ポール、あの箱を運んでくれる？

★：もちろんだよ。何が入っているの？

☆：雑誌8冊と辞書5冊が入っているの。

★：それは重そうだね。

質問：箱には雑誌が何冊入っていますか。

1 3冊。	**2** 5冊。
3 8冊。	**4** 13冊。

解説▶ 選択肢に数が並ぶので、How many ～?「いくつの～？」の質問だと予測します。How many のあとにくるものの種類に注意しましょう。本文中で女性がEight magazines と答えているので、正解は**3**です。That sounds ～.は「～のようだ。」の意味です。

No. 4 解答 **2**

★: I want to eat something.
☆: There are some cookies on the kitchen table.
★: Are there any fruits?
☆: There are some oranges in the shopping bag.
Question: Where are the cookies?

★: 何か食べたいな。
☆: 台所のテーブルの上にクッキーがいくつかあるわよ。
★: 何か果物はある？
☆: 買い物袋の中にオレンジがいくつかあるわよ。
質問: クッキーはどこにありますか。

1 オレンジのそばに。	**2** 台所のテーブルの上に。
3 買い物袋の中に。	**4** リビングルームに。

解説▶ 選択肢はすべて場所の表現なので、Whereの質問だと推測します。何がどこにあるのか、聞きとった順番に整理しましょう。女性が最初の発言で「台所のテーブルの上にクッキーがある」と言っているので、**2**が正解。〈there is [are] ～＋場所〉「～が（場所）にある［いる］」は、～が単数ならis、複数ならareにします。

No. 5 解答 **4**

☆: Liam, you have a dance lesson tomorrow, right?
★: Yes, Mom.
☆: So, are you coming home early today?
★: No, I'll practice with Fred at his house after school.
Question: What will Liam do today?

☆: リアム、明日ダンスのレッスンがあるわよね。
★: うん、お母さん。
☆: じゃあ、今日は早く帰ってくるの？
★: ううん、放課後フレッドの家でいっしょに練習するつもりだよ。
質問: リアムは今日何をするつもりですか。

1 ダンスのレッスンを受ける。	**2** 早く帰宅する。
3 自宅で踊る。	**4** フレッドと練習する。

解説▶ 質問では、リアムのtoday「今日」の予定をたずねています。今日の予定については、会話の後半で母親がSo, are you coming home early today?と早く帰宅するかをたずねています。それに対してリアムがNoに続けて予定を述べています。**1**はtomorrow「明日」の予定です。

まとめて覚える！単熟語

レッスンに登場していない単熟語です。
音声のあとに英語を繰り返しましょう。

● 時・期間　　▶ M05

□ moment	名 瞬間、ちょっとの間
□ noon	名 正午、真昼
□ season	名 季節、時季
□ ago	副 （今から）〜前に
□ again	副 ふたたび、また
□ for a long time	長い間
□ in those days	当時は、あのころは
□ at last	ついに、とうとう、最後に

● 場所　　▶ M06

□ center	名 中心、中央
□ north	名 北　形 北の　副 北に［へ］
□ south	名 南　形 南の　副 南に［へ］
□ east	名 東　形 東の　副 東に［へ］
□ west	名 西　形 西の　副 西に［へ］
□ far	形 遠い　副 遠くに
□ away	副 離れて、あちらへ、留守で
□ among	前 （3つ以上のもの）の間に［で］
□ into	前 〜の中へ［に］
□ in front of 〜	〜の前に［で］
□ out of 〜	〜から外へ

まとめて覚える！単熟語

レッスンに登場していない単熟語です。
音声のあとに英語を繰り返しましょう。

● 街・施設　　　　　　　　　　　　　　　　　　M07

□ subway	名 地下鉄
□ station	名 駅
□ airport	名 空港、飛行場
□ plane	名 飛行機
□ farm	名 農場、農園
□ hospital	名 病院
□ stadium	名 スタジアム、競技場、野球場
□ floor	名 （建物の）〜階、床
□ tower	名 塔、タワー
□ way	名 道、方向、方法

● 旅行　　　　　　　　　　　　　　　　　　　　M08

□ map	名 地図
□ passport	名 パスポート
□ China	名 中国
□ Japan	名 日本
□ come back	帰ってくる、もどる
□ stay with 〜	（人）のところに泊まる［滞在する］
□ take a plane	飛行機に乗る
□ walk to 〜	〜まで歩いて行く

● 日常の行動

M09

□ carry	動 を運ぶ、を持ち歩く
□ catch	動 をつかまえる ［過去形］ caught 名 キャッチボール
□ change	動 を変える、変わる 名 変化、おつり
□ drop	動 を落とす、落ちる 名 しずく
□ fall	動 落ちる、転ぶ ［過去形］ fell 名 落ちること、秋
□ keep	動 （を）保つ、を持ち続ける、ずっと〜である ［過去形］ kept
□ sit	動 すわる ［過去形］ sat
□ smile	動 ほほえむ 名 ほほえみ
□ wake	動 目が覚める、を起こす ［過去形］ woke
□ wake up	目が覚める
□ take a bath	ふろに入る
□ take a shower	シャワーを浴びる
□ go for a drive	ドライブに行く
□ take a walk	散歩をする
□ play catch	キャッチボールをする
□ stop *doing*	〜することをやめる
□ finish *doing*	〜し終える
□ hear about 〜	〜について聞く
□ write to 〜	〜に手紙を書く
□ write back	返事を書く
□ leave *A* for *B*	A を B のために残しておく
□ move to *A* from *B*	B から A に引っ越す

22 ジムのサッカー生活

スポーツが大好きなジムの日常です。

つきっきり英文解説 >>> 📱 22-1 ～22-3

モデル音声と解説を聞いて、英文の内容を確認しよう。
大事なところはメモを取ろう。

Jim **enjoys playing** sports. When it's sunny, he **often** plays **soccer with** his **classmates**. When the **weather** is **bad**, he **watches soccer** games **on** TV **at** home. Jim **plans** to **join** the **soccer club at** his **junior high school**.

英文の訳

　ジムはスポーツをするのを楽しみます。晴れているときは、クラスメートとよくサッカーをします。天気が悪いときは、家でサッカーの試合をテレビで見ます。ジムは中学校でサッカー部に入部することを計画しています。

文法と表現

When 〜, … .〈接続詞 when〉

when は「いつ」という意味の疑問詞のほかに、時を表す接続詞としても使われる。When 〜, … . で「〜のとき…。」という意味。

▶ When he came, I was sleeping.
　（彼が来たとき、私は眠っていました。）

… when 〜. でも同様に「〜のとき…。」という意味を表せる。

▶ I was sleeping when he came.
　（彼が来たとき、私は眠っていました。）

次はトレーニング！

合格直行！
Nobu's トレーニング

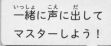
一緒に声に出して
マスターしよう！

1 単語・表現チェック >>>>>> ▶ 22-4

英検によくでるものを集めました。先生のあとに英語を繰り返そう。

□ **enjoy** *doing*	～するのを楽しむ、楽しんで～する
□ **often**	副 しばしば、たびたび
□ **classmate**	名 クラスメート、同級生
□ **weather**	名 天気、天候
□ **bad**	形 悪い、へたな
□ **plan**	動 （を）計画する　名 計画
□ **join**	動 （に）加わる、（に）参加する
□ **club**	名 クラブ、部
□ **junior high school**	名 中学校
□ **junior**	形 年下の　名 年下の人
□ **elementary school**	名 小学校

2 見ながらリピート >>>>>>>>> ▶ 22-5

英文を見ながら、先生のあとに英語を言ってみよう。

Excuse me.
Excuse me.

3 見ないでリピート >>>>>>>> ▶ 22-6

英文を見ずに、先生のあとに英語を言ってみよう。

Excuse me.
Excuse me.

4 しあげのシャドーイング >>> ▶ 22-7

英文を見ずに、先生の声の直後を追いかけて英語を言ってみよう。

Excuse me. I want to...
Excuse me. I want to...

23 夏のヨーロッパ旅行

サマンサはヨーロッパを旅行して、2つの国を訪れました。

つきっきり英文解説 >>> 📱 23-1 〜23-3

モデル音声と解説を聞いて、英文の内容を確認しよう。
大事なところはメモを取ろう。

Samantha **traveled** to Europe **for** summer **vacation**. First, she **stayed in Italy for** four days. **Then** she **spent** three days **in Spain**. She **enjoyed both countries** very **much**. She **took** many **pictures during** her **trip**.

英文の訳

　サマンサは夏休みにヨーロッパに旅行に行きました。最初に、イタリアに4日間滞在しました。そのあとスペインで3日間を過ごしました。彼女は両方の国をとても楽しみました。彼女は旅行中にたくさんの写真をとりました。

文法と表現

She took many pictures 〜.〈take の使い方〉
動詞take「〜を取る」は次のようにいろいろな意味を表す。

▶ take a picture（写真をとる）
▶ take a bus [taxi]（バス[タクシー]に乗る）
▶ take an umbrella with *me*（かさを持っていく）
▶ take a bath [shower]（ふろに入る[シャワーを浴びる]）
▶ take care of 〜（〜の面倒を見る）

次はトレーニング！

合格直行！
Nobu's トレーニング

元気に言ってみよう！
Don't be shy!

1 単語・表現チェック >>>>>>> ▶ 23-4

英検によくでるものを集めました。先生のあとに英語を繰り返そう。

☐ travel	動（を）旅行する　名旅行
☐ vacation	名休み、休暇
☐ stay in 〜	（場所）に滞在する［泊まる］ ● 「（ホテルなど）に滞在する」という場合は stay at 〜 も使われる。
☐ Italy	名イタリア
☐ then	副そのあと、そのとき、それならば
☐ spend	動（時）を過ごす、（お金）を使う　［過去形］spent
☐ Spain	名スペイン
☐ both 　☐ both *A* and *B*	形両方の　代両方 A も B も両方とも
☐ country	名国、（the をつけて）いなか
☐ take a picture 　☐ picture	写真をとる 名写真、絵
☐ during	前〜の間に
☐ trip	名（短期間の）旅行

☑

2 見ながらリピート >>>>>>>> ▶ 23-5

英文を見ながら、先生のあとに英語を言ってみよう。

 Excuse me. / Excuse me.

☑

3 見ないでリピート >>>>>>>>> ▶ 23-6

英文を見ずに、先生のあとに英語を言ってみよう。

Excuse me. / Excuse me.

☑

4 しあげのシャドーイング >>> ▶ 23-7

英文を見ずに、先生の声の直後を追いかけて英語を言ってみよう。

 Excuse me. I want to... / Excuse me. I want to...

☑

次の(　　　　)に入れるのに最も適切なものを**1**、**2**、**3**、**4**の中から一つ選びなさい。

(1) Aya is good at playing the trumpet. She can play it (　　　　).

    1 easily   **2** only   **3** coldly   **4** early

(2) I met my friends at the party. We had a very good (　　　　).

    1 season   **2** job   **3** time   **4** problem

(3) Alex will go to the baseball game with his new camera and (　　　　) lots of pictures.

    1 have   **2** watch   **3** make   **4** take

(4) I studied science hard last Sunday, so I could do (　　　　) on the test.

    1 again   **2** once   **3** same   **4** well

(5) Chris (　　　　) at a popular hotel during his trip.

    1 stayed   **2** joined   **3** turned   **4** remembered

(6) Neil's cousin is a college student. He enjoys (　　　　) with her.

    1 talk   **2** talked   **3** talks   **4** talking

解答・解説

(1) 解答　1
アヤはトランペットを演奏するのがじょうずです。たやすく演奏できます。

1 たやすく　　　　**2** 唯一　　　　**3** 冷やかに　　　　**4** 早く

> **解説** be good at ～「～がじょうずだ」がポイントです。playの目的語itは the trumpet「トランペット」を指しています。

(2) 解答　3
パーティーで友だちに会いました。私たちは楽しい時間を過ごしました。

1 季節　　　　**2** 仕事　　　　**3** 時間　　　　**4** 問題

> **解説** have a good ～で「楽しい～を持つ」の意味。ここではpartyで楽しむことを選ぶので、time「時間」が正解。ほかに、day、weekendなども使います。

(3) 解答　4
アレックスは彼の新しいカメラを持って野球の試合に行き、たくさんの写真をとるつもりです。

1 ～を持っている　　　　　　　　　　**2** ～を見る
3 ～を作る　　　　　　　　　　　　　**4**（take a pictureで）写真をとる

> **解説** his new cameraを使ってすることは、picturesを「とる」ことです。take a picture [pictures]で「写真をとる」という表現になります。lots of ～はa lot of ～「たくさんの～」と同じ意味です。

(4) 解答　4
先週の日曜日に理科を一生けんめい勉強したので、テストでよくできました。

1 ふたたび　　　　**2** 一度　　　　**3** 同じ　　　　**4** よく

> **解説** 前半の文と後半の文をつなぐso「だから」に着目します。I studied ～ hardの結果、テストでwell「よく」できたと判断します。scienceは「理科」、couldはcan「～できる」の過去形です。

(5) 解答　1
クリスは旅行の間、人気のあるホテルに滞在しました。

1 滞在した　　　　**2** 参加した　　　　**3** まわった　　　　**4** 覚えていた

> **解説** 空所直後のat a ～ hotel「ホテルに」にあう動詞はstayed「滞在した」です。**2**、**3**、**4**は文法的に問題ありませんが、意味が成り立ちません。

(6) 解答　4
ニールのいとこは大学生です。彼は彼女と話をするのを楽しみます。

> **解説** enjoyは後ろに目的語が必要なので、**4**の動名詞talkingが正解。〈enjoy＋動詞のing形〉で「～するのを楽しむ」の意味になります。

24 ショッピングの成果

ミカは今日、デパートに行って買い物をしました。

つきっきり英文解説 >>> 📱 24-1 ～24-3

モデル音声と解説を聞いて、英文の内容を確認しよう。
大事なところはメモを取ろう。

Mika **went shopping at** a **department store** today. She **bought a pair of shoes and** a **skirt**. She wanted a **dress**, too, **but** she **couldn**'t **find** a nice **one**. **Tomorrow**, Mika **will go** to a **different store** to **look for one**.

英文の訳

　ミカは今日、デパートに買い物に行きました。彼女は1足のくつとスカートを買いました。ドレスもほしかったのですが、すてきなものを見つけられませんでした。明日、ミカはドレスをさがしにちがうお店に行くつもりです。

文法と表現

Mika went shopping ～. 〈go doing〉
go shopping は「買い物に行く」という意味。go to shopping としないことに注意。買い物以外にも、次の活動は go doing で「～しに行く」の意味を表すことができる。
▶ go fishing（釣りに行く）
▶ go camping（キャンプに行く）
▶ go hiking（ハイキングに行く）
▶ go skiing（スキーに行く）

次はトレーニング！

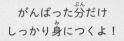

がんばった分だけ
しっかり身につくよ！

合格直行！
Nobu's トレーニング

 単語・表現チェック >>>>>>> 24-4

英検によくでるものを集めました。先生のあとに英語を繰り返そう。

☐ **go shopping**	買い物に行く
☐ **shopping**	名 買い物
☐ **department store**	名 デパート
☐ **store**	名 店
☐ **a pair of ～**	1組の～
☐ **shoes**	名 くつ（ふつう複数形）●単数形は shoe。
☐ **socks**	名 くつ下、ソックス（ふつう複数形）●単数形は sock。
☐ **skirt**	名 スカート
☐ **dress**	名 ドレス、ワンピース、服装
☐ **find**	動 を見つける、と気づく ［過去形］found
☐ **different**	形 ちがった、異なる、いろいろな

☑

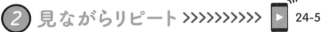 **見ながらリピート** >>>>>>>>> 24-5

英文を見ながら、先生のあとに英語を言ってみよう。

Excuse me.
Excuse me.

☑

 見ないでリピート >>>>>>>>> 24-6

英文を見ずに、先生のあとに英語を言ってみよう。

Excuse me.
Excuse me.

☑

 しあげのシャドーイング >>> 24-7

英文を見ずに、先生の声の直後を追いかけて英語を言ってみよう。

Excuse me. I want to...
Excuse me. I want to...

☑

25

人物の紹介文❹

待望のコンサート

明日はエリックが大好きなバンドのコンサートです。

つきっきり英文解説 >>> 📱 **25-1 ～25-3**

モデル音声と解説を聞いて、英文の内容を確認しよう。
大事なところはメモを取ろう。

Eric **will go** to a **concert tomorrow.**
He is very **excited because** his **favorite**
band will play.　They are **famous all**
over the world.　Eric **always listens to**
their CDs, **and** he can **sing all of** their
songs.

英文の訳

　エリックは明日コンサートに行きます。彼の大好きなバンドが演奏するので、とてもわくわくしています。彼らは世界じゅうで有名です。エリックはいつも彼らのCDを聞いていて、彼らの歌を全部歌うことができます。

文法と表現

He is very excited because ～.
〈接続詞 because〉

because は「（なぜなら）～だから」の意味で、理由を表す。～ because ... . で「…だから～。」という意味。

▶ I like winter because I can ski.
（スキーができるので私は冬が好きです。）

次はトレーニング！

合格直行!
Nobu's トレーニング

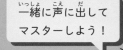
一緒に声に出して
マスターしよう!

① 単語・表現チェック >>>>>> ▶ 25-4

英検によくでるものを集めました。先生のあとに英語を繰り返そう。

☐ concert	图 コンサート、音楽会
☐ excited	形 (人が) 興奮した、わくわくした
☐ because	接 (なぜなら) 〜だから、〜なので
☐ band	图 バンド、楽団
☐ all over the world	世界じゅうで [に]
☐ all over 〜	〜じゅうで [に]、〜の一面に
☐ world	图 世界
☐ always	副 いつも、常に
☐ listen to 〜	〜を聞く、〜に耳を傾ける
☐ listen	動 (注意して) 聞く
☐ sing	動 (を) 歌う [過去形] sang
☐ all of 〜	〜のすべて

☑

② 見ながらリピート >>>>>>>> ▶ 25-5

英文を見ながら、先生のあとに英語を言ってみよう。

Excuse me.

Excuse me.

☑

③ 見ないでリピート >>>>>>>> ▶ 25-6

英文を見ずに、先生のあとに英語を言ってみよう。

Excuse me.

Excuse me.

☑

④ しあげのシャドーイング >>> ▶ 25-7

英文を見ずに、先生の声の直後を追いかけて英語を言ってみよう。

Excuse me. I want to...

Excuse me. I want to...

☑

次の(　　　)に入れるのに最も適切なものを **1**、**2**、**3**、**4** の中から一つ選びなさい。

(1) I want to go to the concert, but the tickets are a (　　　) too expensive.

    1 few   **2** little   **3** less   **4** much

(2) Terry is really excited (　　　) he will go to Hawaii next week.

    1 because   **2** so   **3** when   **4** why

(3) David wanted to make friends (　　　) Jessica, so he tried to talk to her.

    1 before   **2** with   **3** under   **4** by

(4) Sara is sick (　　　) bed. She caught a bad cold.

    1 for   **2** on   **3** in   **4** out

(5) Paula was (　　　) a letter when her mother came into her room.

    1 writes   **2** wrote   **3** written   **4** writing

(6) My uncle and my aunt live in Italy. Both of (　　　) are doctors.

    1 they   **2** their   **3** them   **4** theirs

解答・解説

(1) 解答 **2**

私<ruby>私<rt>わたし</rt></ruby>はそのコンサートに<ruby>行<rt>い</rt></ruby>きたいのですが、チケットが<ruby>少<rt>すこ</rt></ruby>し<ruby>高<rt>たか</rt></ruby>すぎます。

1（a few で）いくつかの　　　　　　　　　　**2**（a little で）<ruby>少<rt>すこ</rt></ruby>し
3 より<ruby>少<rt>すく</rt></ruby>ない　　　　　　　　　　　　　　**4** <ruby>非常<rt>ひじょう</rt></ruby>に

解説 <ruby>直前<rt>ちょくぜん</rt></ruby>のaといっしょに<ruby>後<rt>うし</rt></ruby>ろのtoo expensiveを<ruby>説明<rt>せつめい</rt></ruby>するのは、**2**のlittle。**1**はa fewとなり、<ruby>後<rt>うし</rt></ruby>ろに<ruby>複数形<rt>ふくすうけい</rt></ruby>の<ruby>名詞<rt>めいし</rt></ruby>が<ruby>続<rt>つづ</rt></ruby>くときに<ruby>使<rt>つか</rt></ruby>います。**4**は<ruby>比較級<rt>ひかくきゅう</rt></ruby>を<ruby>強調<rt>きょうちょう</rt></ruby>します。

(2) 解答 **1**

テリーは<ruby>来週<rt>らいしゅう</rt></ruby>ハワイに<ruby>行<rt>い</rt></ruby>く**ので**ほんとうにわくわくしています。

1 〜なので　　　　　**2** 〜だから　　　　　**3** 〜のとき　　　　　**4** なぜ
解説 <ruby>後半<rt>こうはん</rt></ruby>のgo to Hawaiiがexcitedの<ruby>理由<rt>りゆう</rt></ruby>です。**2**のsoも<ruby>理由<rt>りゆう</rt></ruby>と<ruby>結果<rt>けっか</rt></ruby>をつなぎますが、<ruby>本文<rt>ほんぶん</rt></ruby>では<ruby>後<rt>こう</rt></ruby><ruby>半<rt>はん</rt></ruby>が<ruby>理由<rt>りゆう</rt></ruby>を<ruby>表<rt>あらわ</rt></ruby>す<ruby>文<rt>ぶん</rt></ruby>なので、<ruby>正解<rt>せいかい</rt></ruby>は**1**のbecauseです。

(3) 解答 **2**

デイビッドはジェシカと<ruby>友<rt>とも</rt></ruby>だちになりたかったので、<ruby>彼女<rt>かのじょ</rt></ruby>に<ruby>話<rt>はな</rt></ruby>しかけようとしました。

1 〜の<ruby>前<rt>まえ</rt></ruby>に　　　　**2**（make friends with 〜 で）〜と<ruby>友<rt>とも</rt></ruby>だちになる
3 〜の<ruby>下<rt>した</rt></ruby>に　　　　**4** 〜のそばに
解説 <ruby>空所<rt>くうしょ</rt></ruby>の<ruby>前<rt>まえ</rt></ruby>にあるmake friendsに<ruby>注目<rt>ちゅうもく</rt></ruby>し、make friends with 〜「〜と<ruby>友<rt>とも</rt></ruby>だちになる」という<ruby>熟語<rt>じゅくご</rt></ruby>を<ruby>完成<rt>かんせい</rt></ruby>させます。try to *do* は「〜しようとする」の<ruby>意味<rt>いみ</rt></ruby>です。

(4) 解答 **3**

サラは<ruby>病気<rt>びょうき</rt></ruby>で<ruby>寝<rt>ね</rt></ruby>ています。ひどい<ruby>風邪<rt>かぜ</rt></ruby>をひきました。

1 〜のために　　　　　　　　　　　　　　　　**2** 〜の<ruby>上<rt>うえ</rt></ruby>に
3（be sick in bed で）<ruby>病気<rt>びょうき</rt></ruby>で<ruby>寝<rt>ね</rt></ruby>ている　　　**4** <ruby>外<rt>そと</rt></ruby>へ
解説 be sick in bed「<ruby>病気<rt>びょうき</rt></ruby>で<ruby>寝<rt>ね</rt></ruby>ている」という<ruby>熟語<rt>じゅくご</rt></ruby>を<ruby>完成<rt>かんせい</rt></ruby>させます。catch a coldは「<ruby>風邪<rt>かぜ</rt></ruby>をひく」、a bad coldで「ひどい<ruby>風邪<rt>かぜ</rt></ruby>」の<ruby>意味<rt>いみ</rt></ruby>です。

(5) 解答 **4**

ポーラの<ruby>母親<rt>ははおや</rt></ruby>が<ruby>彼女<rt>かのじょ</rt></ruby>の<ruby>部屋<rt>へや</rt></ruby>に<ruby>入<rt>はい</rt></ruby>ってきたとき、ポーラは<ruby>手紙<rt>てがみ</rt></ruby>を<ruby>書<rt>か</rt></ruby>いていました。

解説 <ruby>空所<rt>くうしょ</rt></ruby>の<ruby>直前<rt>ちょくぜん</rt></ruby>にbe<ruby>動詞<rt>どうし</rt></ruby>の<ruby>過去形<rt>かこけい</rt></ruby>wasがあります。<ruby>進行形<rt>しんこうけい</rt></ruby>〈be<ruby>動詞<rt>どうし</rt></ruby>＋<ruby>動詞<rt>どうし</rt></ruby>のing<ruby>形<rt>けい</rt></ruby>〉を<ruby>完成<rt>かんせい</rt></ruby>させる**4**を<ruby>選<rt>えら</rt></ruby>ぶと、「〜しているところだった」という<ruby>意味<rt>いみ</rt></ruby>になります。

(6) 解答 **3**

<ruby>私<rt>わたし</rt></ruby>のおじとおばはイタリアに<ruby>住<rt>す</rt></ruby>んでいます。<ruby>彼<rt>かれ</rt></ruby>らの<ruby>両方<rt>りょうほう</rt></ruby>とも<ruby>医者<rt>いしゃ</rt></ruby>です。

解説 Both of 〜は「〜の<ruby>両方<rt>りょうほう</rt></ruby>とも」という<ruby>意味<rt>いみ</rt></ruby>です。<ruby>前置詞<rt>ぜんちし</rt></ruby>のofの<ruby>後<rt>うし</rt></ruby>ろに<ruby>使<rt>つか</rt></ruby>う<ruby>代名詞<rt>だいめいし</rt></ruby>は<ruby>目的格<rt>もくてきかく</rt></ruby>なので、**3**のthemが<ruby>正解<rt>せいかい</rt></ruby>です。

26
かわいいプレゼント

誕生日の贈り物に、両親からペットをもらいました。

つきっきり英文解説 >>> 📱 26-1 〜26-3

モデル音声と解説を聞いて、英文の内容を確認しよう。
大事なところはメモを取ろう。

Last **month**, my **parents gave** me a **pet** for my birthday **gift**. **At first**, I wanted a **puppy**, **but** my **apartment** was too **small for** a **puppy**. **So** my **parents gave** me a **hamster**. It's **really cute**. **Everyone** in my family **loves** it.

英文の訳

先月、両親が誕生日の贈り物に私にペットをくれました。最初は、子犬がほしかったのですが、子犬を飼うにはうちのアパートは狭すぎました。だから両親は私にハムスターをくれました。それはほんとうにかわいいです。家族みんなそれのことが大好きです。

文法と表現

my parents gave me a pet など〈SVOOの文〉
〈give A B〉で「AにBを与える」という意味。同様に〈show A B〉で「AにBを見せる」、〈send A B〉で「AにBを送る」という意味になる。

▶ Please show me your notebook.
（私にあなたのノートを見せてください。）

too small for 〜〈tooの使い方〉
tooのあとに形容詞［副詞］が続くと、「あまりにも〜すぎる」という意味になる。また、too 〜 for ... とすると、「…にとって〜すぎる」という意味になる。

▶ This homework is too difficult for me.
（この宿題は私には難しすぎます。）

次はトレーニング！

合格直行！
Nobu's トレーニング

元気に言ってみよう！
Don't be shy!

1 単語・表現チェック ＞＞＞＞＞＞ ▶ 26-4

英検によくでるものを集めました。先生のあとに英語を繰り返そう。

□ month	名 (年月の) 月、1か月
□ parent	名 親、両親（複数形で）
□ grandparent	名 祖父、祖母、祖父母（複数形で）
□ give	動 (人など) に (物) をあげる［与える］［過去形］gave
□ pet	名 ペット
□ gift	名 贈り物、プレゼント
□ puppy	名 子犬
□ apartment	名 アパート
□ hamster	名 ハムスター
□ cute	形 かわいい
□ everyone	代 だれでも、みんな

2 見ながらリピート ＞＞＞＞＞＞＞＞＞ ▶ 26-5

英文を見ながら、先生のあとに英語を言ってみよう。

3 見ないでリピート ＞＞＞＞＞＞＞＞＞ ▶ 26-6

英文を見ずに、先生のあとに英語を言ってみよう。

4 しあげのシャドーイング ＞＞＞ ▶ 26-7

英文を見ずに、先生の声の直後を追いかけて英語を言ってみよう。

27

キャンプの星空

中学生の男の子が、おじとキャンプに行きました。

つきっきり英文解説 >>> ▶ 27-1 〜27-3

モデル音声と解説を聞いて、英文の内容を確認しよう。
大事なところはメモを取ろう。

Last weekend, I went on a camping trip with my **uncle.** **In** the morning, we **rode** a **bike.** **After** lunch, we **went on** a **boat on** a **lake.** We **ate** dinner **outside** and **slept in** a **tent.** The **stars** were very **beautiful.**

英文の訳

　先週末、おじとキャンプ旅行に行きました。午前中、ぼくたちは自転車に乗りました。昼食後、湖でボートに乗りました。夕食は屋外で食べてテントで寝ました。星がとてもきれいでした。

文法と表現

went、rode、ate、slept〈不規則動詞〉
次のような不規則動詞の過去形に注意しよう。
▶ go（行く）→ went
▶ ride（乗る）→ rode
▶ eat（食べる）→ ate
▶ sleep（眠る）→ slept
▶ see（見る）→ saw
▶ get（を手に入れる）→ got
▶ make（を作る）→ made

次はトレーニング！

合格直行！
Nobu's トレーニング

がんばった分だけ
しっかり身につくよ！

① 単語・表現チェック ＞＞＞＞＞＞ ▶ 27-4

英検によくでるものを集めました。先生のあとに英語を繰り返そう。

□ **go on a trip**	旅行に行く
□ **camp**	動 キャンプする　名 キャンプ、キャンプ場
□ **uncle** 　□ **aunt**	名 おじ 名 おば
□ **ride**	動 （に）乗る　[過去形] rode　名 乗ること
□ **bike**	名 自転車
□ **boat**	名 ボート、船
□ **lake**	名 湖
□ **eat**	動 （を）食べる　[過去形] ate
□ **outside**	副 外で [に]、外側に　前 ～の外側で [に]
□ **sleep** 　□ **sleepy**	動 眠る　[過去形] slept　名 睡眠 形 眠い、眠そうな
□ **tent**	名 テント
□ **star** 　□ **sky**	名 星、恒星 名 空
□ **beautiful**	形 美しい、きれいな

✓

② 見ながらリピート ＞＞＞＞＞＞＞＞＞ ▶ 27-5

英文を見ながら、先生のあとに英語を言ってみよう。

Excuse me.
Excuse me.

✓

③ 見ないでリピート ＞＞＞＞＞＞＞＞＞ ▶ 27-6

英文を見ずに、先生のあとに英語を言ってみよう。

Excuse me.
Excuse me.

✓

④ しあげのシャドーイング ＞＞＞ ▶ 27-7

英文を見ずに、先生の声の直後を追いかけて英語を言ってみよう。

Excuse me. I want to...
Excuse me. I want to...

✓

英文と質問を聞き、その答えとして最も適切なものを **1**、**2**、**3**、**4** の中から一つ選びなさい。 E05

No. 1
  1 She cleaned the garage.
  2 She moved to a new house.
  3 She painted her room.
  4 She visited her grandfather.

No. 2
  1 On a bench.
  2 Around a tree.
  3 Under a table.
  4 In a parking area.

No. 3
  1 Two.
  2 Six.
  3 Eight.
  4 Ten.

No. 4
  1 She cooked a pizza.
  2 She stayed in a tent all night.
  3 She played in the schoolyard.
  4 She visited her friend's house.

No. 5
  1 He could not see the stars.
  2 He could not go outside.
  3 He could not drive the car.
  4 He caught a cold.

解答・解説

No. 1 解答 **4**

I went to my grandfather's house for the winter holidays. He gave me a red bike as a present. I am keeping it in our garage at home.

Question: What did the girl do during the winter holidays?

私は冬休みにおじいちゃんの家に行きました。おじいちゃんはプレゼントとして私に赤い自転車をくれました。私はそれを自宅の車庫に保管しています。

質問：冬休みの間、女の子は何をしましたか。

1 車庫をそうじした。　　**2** 新しい家に引っ越した。
3 彼女の部屋を塗った。　　**4** 祖父の家を訪れた。

解説 選択肢の主語はすべて She なので、女の子がしたことをたずねています。質問にある the winter holidays は最初の文に含まれるので、went to my grandfather's house を visited her grandfather と言い換えている **4** が正解です。**1** の garage は本文中に登場しますが、そうじをしたとは言っていません。

No. 2 解答 **3**

Yesterday, at the park, my puppy ran away. I looked for him on the benches and around the trees.   At last, I found him under a picnic table.

Question: Where was the boy's puppy?

昨日、公園で、ぼくの子犬が逃げました。ぼくはベンチの上や木々のまわりをさがしました。ついに、ピクニックテーブルの下で見つけました。

質問：男の子の子犬はどこにいましたか。

1 ベンチの上に。　　**2** 木のまわりに。
3 テーブルの下に。　　**4** 駐車場に。

解説 選択肢から Where の質問だと推測し、場所を表す言葉を聞きとります。**1** と **2** は、同様の表現が I looked for him のあとにあるので、さがした場所を指しています。**4** の parking は park「公園」と似ていますが、parking area で「駐車場」という意味です。

No. 3 解答 **3**

Tom likes fishing. When he was six, he learned fishing from his brother.   Two weeks ago, they went fishing and Tom's brother caught eight fish.   Later, Tom caught the same number.

Question: How many fish did Tom catch?

トムは釣りが好きです。彼が6歳のときに、彼の兄から釣りを学びました。2週間前、彼らは釣りに行って、トムの兄は8匹の魚を釣りました。そのあと、トムは同じ数を釣りました。

質問：トムは何匹の魚を釣りましたか。

1 2匹。　　　　　　　　　　　**2** 6匹。
3 8匹。　　　　　　　　　　　**4** 10匹。

解説 聞こえる数字が何を指すのかを区別しましょう。トムの兄が釣った魚は8匹。トムの釣った魚の数はthe same number、つまり兄と同じ数なので、正解は**3**です。**1**と**2**の数字も本文中に登場しますが、それぞれ時とトムの年齢を表します。

No. 4 解答 **2**

Mariko's friends stayed at her house last night. They put a tent in Mariko's yard. In the tent, they ate a pizza and talked until morning.

Question: What did Mariko do last night?

昨夜マリコの友だちが彼女の家に泊まりました。彼女たちは庭にテントを張りました。テントの中で、彼女たちはピザを食べて朝まで話をしました。

質問：マリコは昨夜何をしましたか。

1 ピザを作った。　　　　　　　**2** 一晩じゅうテントの中で過ごした。
3 校庭で遊んだ。　　　　　　　**4** 友だちの家を訪れた。

解説 最後の文から朝までテントにいたことがわかるので、これをstayed in a tent all nightと言い換えた**2**が正解です。**1**のpizzaは、本文中でate「食べた」と言っていますがcooked「作った」とは言っていません。**4**のfriendはマリコの家に来た友だちのことです。

No. 5 解答 **1**

Last night, Steve and his father drove to the countryside to look at the stars. It was too cloudy, so Steve was sad.

Question: Why was Steve sad?

昨夜、スティーブと彼の父親は星を見にいなかへ車で行きました。あまりにくもっていたので、スティーブは悲しかったです。

質問：スティーブはなぜ悲しかったのですか。

1 星が見えなかった。　　　　　**2** 外へ出られなかった。
3 車を運転できなかった。　　　**4** 風邪をひいた。

解説 質問にあるsadは本文の最後に登場します。質問はWhy「なぜ」なので、so「だから」の前のIt was too cloudyに理由を見つけます。前半の内容から、くもっていて星が見えなかったと判断して**1**を選びます。droveはdrive「車を運転する」の過去形、look at～は「～を見る」という意味です。

まとめて覚える！単熟語

レッスンに登場していない単熟語です。
音声のあとに英語を繰り返しましょう。

● 仕事・社会活動

▶ M10

☐ farmer	名 農場主、農場経営者	
☐ salesclerk	名 店員	
☐ volunteer	名 ボランティア、志願者	
☐ company	名 会社、仲間、友だち	
☐ meeting	名 会、会合、会議	
☐ part	名 部分、役割	
☐ report	名 報告（書）、レポート、成績表　動 （を）報告する	
☐ at work	仕事中で、職場で	

● 人

▶ M11

☐ husband	名 夫
☐ wife	名 妻、夫人
☐ son	名 息子
☐ daughter	名 娘
☐ group	名 集団、グループ
☐ member	名 一員、会員、部員、メンバー
☐ people	名 人々
☐ mine	代 私のもの（Iの所有代名詞）
☐ herself	代 彼女自身を［に］
☐ himself	代 彼自身を［に］

28 自分について❸
姉の将来の夢

大学生の姉は、将来作家になることを計画しています。

つきっきり英文解説 >>> 📱 28-1〜28-3

モデル音声と解説を聞いて、英文の内容を確認しよう。
大事なところはメモを取ろう。

My sister is a **college** student. She **likes to read** books. Her room **is full of** books. **After college**, she **plans** to **work** as a **writer**. **In** her **free** time, she **often writes** her **own stories**.

英文の訳

私の姉は大学生です。彼女は本を読むのが好きです。彼女の部屋は本でいっぱいです。大学卒業後、彼女は作家として働くことを計画しています。ひまなときには、彼女はよく自分自身の物語を書いています。

文法と表現

She likes to read books. 〈like to *do*〉
like to *do* で「～するのが好きだ」という意味。like *doing* の形でも同じ意味を表せる。

▶ She likes to watch TV.
（彼女はテレビを見るのが好きです。）

▶ She likes watching TV.
（彼女はテレビを見るのが好きです。）

次はトレーニング！

合格直行！ Nobu's トレーニング

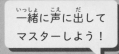

一緒に声に出してマスターしよう！

① 単語・表現チェック >>>>>>> ▶ 28-4

英検によくでるものを集めました。先生のあとに英語を繰り返そう。

☐ college	名 大学、単科大学
☐ like to *do*	〜するのが好きだ、（否定文で）〜したくない
☐ be full of 〜	〜でいっぱいの
☐ full	形 いっぱいの、満腹の
☐ writer	名 作家、筆者
☐ free	形 ひまな、自由な、無料の
☐ write	動 （を）書く、（に）手紙を書く ［過去形］wrote
☐ own	形 自分自身の
☐ story	名 物語、話

② 見ながらリピート >>>>>>>>> ▶ 28-5

英文を見ながら、先生のあとに英語を言ってみよう。

Excuse me.
Excuse me.

③ 見ないでリピート >>>>>>>>> ▶ 28-6

英文を見ずに、先生のあとに英語を言ってみよう。

Excuse me.
Excuse me.

④ しあげのシャドーイング >>> ▶ 28-7

英文を見ずに、先生の声の直後を追いかけて英語を言ってみよう。

Excuse me. I want to...
Excuse me. I want to...

29 自分について❹

地元の夏祭り

今夜、住んでいる町で夏祭りが開催されます。

つきっきり英文解説 >>> 📱 29-1 〜29-3

モデル音声と解説を聞いて、英文の内容を確認しよう。
大事なところはメモを取ろう。

There is a summer **festival in** my **town tonight**. It is the biggest **festival of** the year. There are **a lot of food** shops **and games**. I can **also listen to** the Japanese **drums and flute**. I am going to **go with** my **cousins**.

英文の訳

　今夜、ぼくの町で夏祭りがあります。1年でいちばん大きなお祭りです。たくさんの食べ物の店やゲームがあります。和太鼓や笛も聞くことができます。ぼくはいとこたちといっしょに行こうと思っています。

文法と表現

It is the biggest festival of the year.
〈最上級〉
biggest は big「大きい」の最上級。〈the＋最上級 of [in] …〉で「…でいちばん〜」という意味を表す。

▶ He is the tallest in his family.
　（彼は家族の中でいちばん背が高いです。）

次はトレーニング！

合格直行！
Nobu's トレーニング

元気に言ってみよう！
Don't be shy!

① 単語・表現チェック >>>>>>> ▶ 29-4

英検によくでるものを集めました。先生のあとに英語を繰り返そう。

□ festival	名 祭り、〜祭
□ town	名 町
□ hometown	名 生まれ故郷
□ tonight	副 今夜（は）　名 今夜
□ a lot of 〜	たくさんの〜
□ drum	名 太鼓、ドラム
□ instrument	名 楽器
□ flute	名 笛、フルート
□ cousin	名 いとこ

☑

② 見ながらリピート >>>>>>>>> ▶ 29-5

英文を見ながら、先生のあとに英語を言ってみよう。

☑

③ 見ないでリピート >>>>>>>>> ▶ 29-6

英文を見ずに、先生のあとに英語を言ってみよう。

☑

④ しあげのシャドーイング >>> ▶ 29-7

英文を見ずに、先生の声の直後を追いかけて英語を言ってみよう。

☑

次の日本文の意味を表すように①から⑤までを並べかえて ☐☐☐☐ の中に入れなさい。そして、2番目と4番目にくるものの最も適切な組合せを **1**、**2**、**3**、**4** の中から一つ選びなさい。

※ただし、（ ）の中では、文のはじめにくる語も小文字になっています。

(1) グレッグ、鹿児島への旅行はいかがでしたか。

（ ① your　② to　③ trip　④ was　⑤ how ）

Greg, ☐☐ ☐2番目☐ ☐☐ ☐4番目☐ ☐☐ Kagoshima?

1 ①－④　　**2** ②－③　　**3** ④－③　　**4** ③－⑤

(2) 黒板をきれいにしてくれてありがとう。

（ ① for　② the blackboard　③ cleaning　④ you　⑤ thank ）

☐☐ ☐2番目☐ ☐☐ ☐4番目☐ ☐☐ .

1 ④－③　　**2** ⑤－④　　**3** ④－①　　**4** ①－②

(3) 今朝、あなたは学校に遅刻したのですか。

（ ① for　② school　③ you　④ this　⑤ late ）

Were ☐☐ ☐2番目☐ ☐☐ ☐4番目☐ ☐☐ morning?

1 ④－③　　**2** ②－④　　**3** ⑤－①　　**4** ⑤－②

(4) 私の兄は、私の父親より背が高いです。

（ ① my　② than　③ father　④ taller　⑤ is ）

My brother ☐☐ ☐2番目☐ ☐☐ ☐4番目☐ ☐☐ .

1 ④－②　　**2** ②－③　　**3** ②－④　　**4** ④－①

(5) あなたはいくつの言語を話すことができますか。

（ ① you　② how　③ can　④ languages　⑤ many ）

☐☐ ☐2番目☐ ☐☐ ☐4番目☐ ☐☐ speak?

1 ②－③　　**2** ⑤－③　　**3** ②－④　　**4** ⑤－④

解答・解説

(1)　解答　3

正しい語順　Greg, (how was your trip to) Kagoshima?

解説　「～はいかがでしたか。」と感想をたずねる疑問文は How was ～? です。主語の「～への旅行」は trip to ～で表し、行き先の Kagoshima につなげます。旅行したのは相手なので、your は trip の前に入れます。

(2)　解答　1

正しい語順　(Thank you for cleaning the blackboard).

解説　「～してくれてありがとう」は thank you for *doing* で表します。決まった表現なので覚えておきましょう。これにあわせて、動詞 clean「～をきれいにする」は ing 形になり、そのあとに目的語 the blackboard「黒板」を続けます。

(3)　解答　4

正しい語順　Were (you late for school this) morning?

解説　be 動詞の疑問文なので、文頭 were の次に主語 you を続けます。「～に遅刻する」は be late for ～と表し、「学校」に遅刻したことから for のあとに school を続けます。「今朝」は this morning と表します。

(4)　解答　4

正しい語順　My brother (is taller than my father).

解説　主語 My brother のあとに述語 is が続きます。taller は形容詞 tall「背が高い」の比較級で、「～より背が高い」は taller than ～とします。そのあとに背の高さを比べる相手である my father「私の父親」を入れて、文を完成させます。

(5)　解答　2

正しい語順　(How many languages can you) speak?

解説　英語で「いくつの～」と数をたずねるときは、〈How many ＋名詞の複数形〉を使って疑問文を始めます。「いくつの言語」を How many languages で表し、「あなたは～できますか。」を can you ～?の語順で続けます。

30

明日(あした)はピクニックです

明日(あした)の校外活動(こうがいかつどう)について、先生(せんせい)が注意事項(ちゅういじこう)を伝(つた)えています。

つきっきり英文解説 >>> ▶ 30-1 〜30-3

モデル音声(おんせい)と解説(かいせつ)を聞(き)いて、英文(えいぶん)の内容(ないよう)を確認(かくにん)しよう。大事(だいじ)なところはメモを取(と)ろう。

Class, tomorrow is **our** school **picnic.**
We'**ll meet in** this **classroom at** 8:15 **and**
go to the **park together by** bus. Please
remember to **bring** your lunch. **Also,**
it'**ll** be very hot **and** sunny. Please **wear**
a hat **and drink a lot of water during**
the **picnic.**

英文の訳

　クラスの皆(みな)さん、明日(あした)は私(わたし)たちの学校(がっこう)のピクニックです。この教室(きょうしつ)に8時(じ)15分(ふん)に集合(しゅうごう)してバスでいっしょに公園(こうえん)に行(い)きます。昼食(ちゅうしょく)を忘(わす)れずに持(も)ってきてくださいね。また、とても暑(あつ)くて日(ひ)ざしが強(つよ)くなります。ピクニックの間(あいだ)は帽子(ぼうし)をかぶって水(みず)をたくさん飲(の)んでください。

文法と表現

Please remember to 〜.
remember to *do* で「〜するのを覚(おぼ)えている」「忘(わす)れずに〜する」という意味(いみ)。
▶ Please remember to call him.
　（忘(わす)れずに彼(かれ)に電話(でんわ)してください。）

次はトレーニング！

合格直行！
Nobu's トレーニング

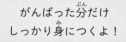

がんばった分だけ
しっかり身につくよ！

① 単語・表現チェック >>>>>>> ▶ 30-4

英検によくでるものを集めました。先生のあとに英語を繰り返そう。

☐ **our**	代 私たちの（we の所有格）
☐ **picnic**	名 ピクニック、遠足　動 ピクニックに行く
☐ **classroom**	名 教室
☐ **gym**	名 体育館
☐ **schoolyard**	名 校庭
☐ **together**	副 いっしょに、ともに
☐ **by**	前 ～によって、～のそばに、～までに（は）
☐ **remember**	動 （を）覚えている、（を）思い出す
☐ **bring**	動 を持ってくる、を連れてくる　［過去形］brought
☐ **wear**	動 を身につけている、を着ている　［過去形］wore　名 衣服
☐ **water**	名 水

☑

② 見ながらリピート >>>>>>>>> ▶ 30-5

英文を見ながら、先生のあとに英語を言ってみよう。

☑

③ 見ないでリピート >>>>>>>>> ▶ 30-6

英文を見ずに、先生のあとに英語を言ってみよう。

☑

④ しあげのシャドーイング >>> ▶ 30-7

英文を見ずに、先生の声の直後を追いかけて英語を言ってみよう。

☑

31

アナウンス❷

動物園へようこそ

動物園を訪れました。園内アナウンスが流れています。

つきっきり英文解説 >>> 31-1 〜31-3

モデル音声と解説を聞いて、英文の内容を確認しよう。
大事なところはメモを取ろう。

Thank you for coming to Harrison **Zoo.** Today, we are **open from** 10 **a.m. to** 8 **p.m.** We have many **special events for** you. **At** 11:30, you can **give food** to the **lions. Also,** don't **miss our popular dolphin show at one o'clock**.

英文の訳

　ハリソン動物園にお越しいただきありがとうございます。本日は、午前10時から午後8時まで開園しております。皆様のために特別なイベントをたくさんご用意しております。11時30分には、ライオンに餌をあげることができます。また、1時の人気のイルカショーもお見逃しなく。

文法と表現

Thank you for coming 〜.
〈Thank you for 〜. の使い方〉

Thank you for 〜. は「〜をありがとう。」という意味。for のあとには名詞か動名詞（動詞の ing 形）がくる。

▶ Thank you for your e-mail.
　（メールをありがとう。）
▶ Thank you for calling me.
　（電話をしてくれてありがとう。）

次はトレーニング！

合格直行!

Nobu's トレーニング

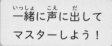
一緒に声に出して
マスターしよう!

 単語・表現チェック >>>>>>> 31-4

英検によくでるものを集めました。先生のあとに英語を繰り返そう。

☐ Thank you for 〜 .	〜をありがとう。
☐ zoo	图 動物園
☐ open	形 開いている、あいている　動 を開く、をあける、あく
☐ from *A* to *B*	AからBまで
☐ special	形 特別の、特殊な
☐ event	名 イベント、行事
☐ lion	名 (雄の) ライオン
☐ miss	動 を見逃す、がいなくてさびしく思う
☐ popular	形 人気のある、流行の
☐ dolphin	名 イルカ
☐ show	名 ショー、展示会 動 を [に] 見せる、を展示する、を案内する
☐ o'clock	副 〜時 (ちょうど)

 見ながらリピート >>>>>>>>> 31-5

英文を見ながら、先生のあとに英語を言ってみよう。

Excuse me.
Excuse me.

 見ないでリピート >>>>>>>>> 31-6

英文を見ずに、先生のあとに英語を言ってみよう。

Excuse me.
Excuse me.

 しあげのシャドーイング >>>  31-7

英文を見ずに、先生の声の直後を追いかけて英語を言ってみよう。

Excuse me. I want to...
Excuse me. I want to...

最初は間違えてもOK。
問題を解きながら新しい単熟語を覚えましょう。

英文と質問を聞き、その答えとして最も適切なものを **1**、**2**、**3**、**4**の中から一つ選びなさい。 E06

No. 1

　　1 At 10:00.

　　2 At 11:00.

　　3 At 5:00.

　　4 At 6:00.

No. 2

　　1 A contest.

　　2 A hiking trip.

　　3 A race.

　　4 A movie.

No. 3

　　1 A baseball stadium.

　　2 A sports team.

　　3 A trip.

　　4 A TV show.

No. 4

　　1 At an airport.

　　2 At a pool.

　　3 In her home.

　　4 In a classroom.

No. 5

　　1 A band.

　　2 A dance.

　　3 A show.

　　4 A game.

解答・解説

No.1 解答 1

Attention shoppers.   This weekend, our store hours will change. On Saturday, we'll be open from 10 a.m. to 6 p.m. And on Sunday, we'll be open from 11 a.m. to 5 p.m.

Question: What time will the store open this Saturday?

お買い物中のお客様にお知らせします。今週末、当店の営業時間が変更になります。土曜日は、午前10時から午後6時まで営業いたします。そして日曜日は、午前11時から午後5時までです。

質問：今週の土曜日に、店は何時に開店しますか。

1 10時に。
3 5時に。
2 11時に。
4 6時に。

解説 選択肢はすべて時刻です。聞こえる時刻を、曜日と、開店か閉店かに注意して区別しましょう。onのあとに曜日、fromのあとに開店時刻、toのあとに閉店時刻がそれぞれ続きます。質問は今週土曜日のopen「開店する」時刻なので、正解は**1**です。

No.2 解答 2

Tomorrow is our nature club walk. Remember to wear sports shoes. We'll leave together and take a train from the station at 10:00.

Question: What is the woman talking about?

明日は私たち自然クラブの散策です。運動ぐつを履くことを覚えておいてください。いっしょに出発して、10時に駅から電車に乗ります。

質問：女性は何について話していますか。

1 コンテスト。
3 競争。
2 ハイキング旅行。
4 映画。

解説 女性が何を話しているかが問題です。our nature club walk、wear sports shoes、We'll leave together ～から散策イベントの注意点や予定を話しているとわかるので、**2**が正解です。remember to do は「～するのを覚えておく」の意味です。

No.3 解答 1

The new baseball stadium opened today in Beaverton. Our news team is there now. We'll talk to them after the weather news.

Question: What is the man talking about?

今日ビーバートンで新しい野球場がオープンしました。私たちの報道チームが今現地にいます。天気予報のあとで彼らに話を聞きます。

質問：男性は何について話していますか。

1 野球場。　　　　　　　　　**2** スポーツチーム。
3 旅行。　　　　　　　　　　**4** テレビ番組。

解説 テレビ番組でのアナウンスです。男性が何を話しているかが問われています。はじめに「新しい野球場がオープンした」と伝えているので、**1**が正解です。本文中のthere は at the new baseball stadium を、them は野球場にいる Our news team をそれぞれ意味しています。

No.4　解答　4

We'll use this classroom for our practice today.　We'll be singing all morning, so drink lots of water.　Let's begin with our first song!

Question: Where is the woman?

今日の練習にはこの教室を使います。午前中ずっと歌っているので、お水をたくさん飲んでください。最初の歌で始めましょう！
質問：女性はどこにいますか。

1 空港に。　　　　　　　　　**2** プールに。
3 彼女の家に。　　　　　　　**4** 教室に。

解説 選択肢はすべて場所の表現なので、Where「どこ」の質問だと推測します。最初の文 We'll use this classroom から、女性が教室で話しているとわかります。**2**のpool は本文中のwater と結びつきそうですが、女性はdrink「～を飲む」ように言っているので不正解です。

No.5　解答　3

Good morning, everybody!　Welcome to Aqua Park, and thank you for coming to our most popular show.　Please say hello to Apollo, our penguin!

Question: What is the man talking about?

おはようございます、皆さん！　アクアパークへようこそ、そして私たちのいちばん人気のショーへお越しいただきありがとうございます。ペンギンのアポロにごあいさつをお願いします！
質問：男性は何について話していますか。

1 バンド。　　　　　　　　　**2** ダンス。
3 ショー。　　　　　　　　　**4** ゲーム。

解説 our most popular show を確実に聞きとりましょう。Aqua Park や penguin からも、海の動物に関連するイベントだと推測できます。thank you for *doing*「～してくれてありがとう」はよく使う表現。say hello to ～は「～にあいさつする」のほかに、「～によろしく伝える」の意味もあります。

レッスンに登場していない単熟語です。
音声のあとに英語を繰り返しましょう。

● 体・健康 ▶M12

□ hair	图 髪の毛、毛
□ hairstyle	图 髪型、ヘアスタイル
□ face	图 顔
□ teeth	图 歯（複数形） ●単数形は tooth。
□ shoulder	图 肩
□ catch a cold	風邪をひく
□ have a cold	風邪をひいている

● 感情・態度 ▶M13

□ angry	形 怒った、腹を立てた
□ safe	形 安全な、無事な
□ strange	形 奇妙な、見知らぬ
□ tired	形 疲れた、あきた
□ wrong	形 悪い、間違った、故障して
□ worry	動 を心配させる、心配する
□ worry about ～	～のことを心配する
□ ask ～ for help	～に助けを頼む
□ be glad to *do*	～してうれしい、喜んで～する
□ be kind to ～	～に親切だ
□ be ready for ～	～の用意ができている
□ give up ～	～をあきらめる、～をやめる

32 <ruby>掲<rt>けい</rt></ruby><ruby>示<rt>じ</rt></ruby>❶

トークイベント

<ruby>世界的<rt>せかいてき</rt></ruby>に<ruby>有名<rt>ゆうめい</rt></ruby>な<ruby>俳優<rt>はいゆう</rt></ruby>のトークショーが<ruby>行<rt>おこな</rt></ruby>われるようです。

つきっきり英文解説 >>> 📱 32-1 〜32-3

モデル<ruby>音声<rt>おんせい</rt></ruby>と<ruby>解説<rt>かいせつ</rt></ruby>を<ruby>聞<rt>き</rt></ruby>いて、<ruby>英文<rt>えいぶん</rt></ruby>の<ruby>内容<rt>ないよう</rt></ruby>を<ruby>確認<rt>かくにん</rt></ruby>しよう。
<ruby>大事<rt>だいじ</rt></ruby>なところはメモを<ruby>取<rt>と</rt></ruby>ろう。

Special Event
at Jackson **Theater**

Do you like **movies**? **Then join** this **event**!
The **actor** Will Harris **will come and talk** about
his new **movie**, The **King of Music**. He **also** has
a **small gift for** all **guests**.
◆ **Date**: December 18
◆ Time: 1 **p.m.** to 2 **p.m.**
◆ **Place**: Jackson **Theater**, **Hall** C
◆ **Price**: $20
*__Buy tickets__ at the **theater** or **on** the Internet.
We **only** have 50 **seats**, **so get** your **ticket now**!

英文の訳

　ジャクソン<ruby>劇場<rt>げきじょう</rt></ruby>での<ruby>特別<rt>とくべつ</rt></ruby>イベント
<ruby>映画<rt>えいが</rt></ruby>はお<ruby>好<rt>す</rt></ruby>きですか？　それならこのイベントに
<ruby>参加<rt>さんか</rt></ruby>しましょう！　<ruby>俳優<rt>はいゆう</rt></ruby>のウィル・ハリスが<ruby>来<rt>き</rt></ruby>て、
<ruby>彼<rt>かれ</rt></ruby>の<ruby>新作映画<rt>しんさくえいが</rt></ruby>『キング・オブ・ミュージック』に
ついて<ruby>話<rt>はな</rt></ruby>します。また、ご<ruby>来場<rt>らいじょう</rt></ruby>の<ruby>皆様全員<rt>みなさまぜんいん</rt></ruby>に<ruby>彼<rt>かれ</rt></ruby>か
らささやかなプレゼントもご<ruby>用意<rt>ようい</rt></ruby>しています。
・<ruby>日付<rt>ひづけ</rt></ruby>：12<ruby>月<rt>がつ</rt></ruby>18<ruby>日<rt>にち</rt></ruby>
・<ruby>時間<rt>じかん</rt></ruby>：<ruby>午後<rt>ごご</rt></ruby>1<ruby>時<rt>じ</rt></ruby>から<ruby>午後<rt>ごご</rt></ruby>2<ruby>時<rt>じ</rt></ruby>まで
・<ruby>場所<rt>ばしょ</rt></ruby>：ジャクソン<ruby>劇場<rt>げきじょう</rt></ruby>、ホールC
・<ruby>値段<rt>ねだん</rt></ruby>：20ドル
*チケットは<ruby>劇場<rt>げきじょう</rt></ruby>またはインターネットで<ruby>購入<rt>こうにゅう</rt></ruby>し
てください。
50<ruby>席<rt>せき</rt></ruby>のみですので、<ruby>今<rt>いま</rt></ruby>すぐチケットを<ruby>手<rt>て</rt></ruby>に<ruby>入<rt>い</rt></ruby>れて
ください！

文法と表現

Date, Time, Place, Price〈<ruby>箇条書<rt>かじょうが</rt></ruby>き〉
<ruby>掲示<rt>けいじ</rt></ruby>では<ruby>箇条書<rt>かじょうが</rt></ruby>きがよく<ruby>使<rt>つか</rt></ruby>われる。<ruby>次<rt>つぎ</rt></ruby>のような<ruby>語<rt>ご</rt></ruby>
<ruby>句<rt>く</rt></ruby>を<ruby>覚<rt>おぼ</rt></ruby>えておこう。
▶ date（<ruby>日付<rt>ひづけ</rt></ruby>）　▶ time（<ruby>時刻<rt>じこく</rt></ruby>）　▶ place（<ruby>場所<rt>ばしょ</rt></ruby>）
▶ price（<ruby>値段<rt>ねだん</rt></ruby>）　▶ (opening) hours（<ruby>営業時間<rt>えいぎょうじかん</rt></ruby>）

次はトレーニング！

合格直行！
Nobu's トレーニング

元気に言ってみよう！
Don't be shy!

① 単語・表現チェック ＞＞＞＞＞＞ 📱 32-4

英検によくでるものを集めました。先生のあとに英語を繰り返そう。

☐ theater	名 劇場
☐ actor	名 俳優、男優
☐ talk	動 (を)話す 名 話、(短い)講演、うわさ
☐ king	名 王、国王
☐ music	名 音楽、楽譜
☐ guest	名 客
☐ date	名 日付、日時、デート
☐ place	名 場所、土地
☐ hall	名 ホール、会館、玄関、ろう下
☐ price	名 価格、値段
☐ ticket	名 チケット、切符
☐ seat	名 座席

☑

② 見ながらリピート ＞＞＞＞＞＞＞＞＞ 📱 32-5

英文を見ながら、先生のあとに英語を言ってみよう。

Excuse me.
Excuse me.

☑

③ 見ないでリピート ＞＞＞＞＞＞＞＞＞ 📱 32-6

英文を見ずに、先生のあとに英語を言ってみよう。

Excuse me.
Excuse me.

☑

④ しあげのシャドーイング ＞＞＞ 📱 32-7

英文を見ずに、先生の声の直後を追いかけて英語を言ってみよう。

Excuse me. I want to...
Excuse me. I want to...

☑

119

33

掲示❷

週末の大セール

子ども用品の店で、今週末にセールが実施されるようです。

つきっきり英文解説 >>> 📱 33-1 〜33-3

モデル音声と解説を聞いて、英文の内容を確認しよう。
大事なところはメモを取ろう。

Madison Kids' **Store**
Big **Holiday Sale**

This **weekend, everything in our** shop **will**
be **on sale.**

All **children**'s **clothes will** be 10% **off.** Books
and toys will be 20% **off. Also,** if you **buy a**
notebook or an **album,** we **will give** you
another one for free. We **look forward to**
seeing you.

◆ **Hours**: 11 **a.m.** to 7 **p.m.**

英文の訳

マディソン・キッズ・ストア
祝日大セール
今週末、当店のすべての商品が割引となります。
子ども服はすべて10%引きです。本とおもちゃは
20%引きです。また、ノートかアルバムをお買い
あげの方には、もう1冊無料でさしあげます。皆
様のご来店をお待ちしております。
・営業時間：午前11時から午後7時まで

文法と表現

We look forward to 〜.〈look forward to 〜〉
look forward to 〜は「〜を楽しみに待つ」とい
う意味で、toのあとには名詞か動名詞（動詞の
ing形）がくる。
▶ I'm looking forward to seeing you again.
（またお会いするのを楽しみにしています。）

次はトレーニング！

Nobu's トレーニング

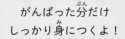
がんばった分だけ
しっかり身につくよ！

 ① 単語・表現チェック >>>>>>> 📱 33-4

英検によくでるものを集めました。先生のあとに英語を繰り返そう。

□ holiday	名 祝日、休暇
□ children	名 子どもたち ●child（子ども）の複数形。
□ clothes	名 衣服
□ off	副 割引で、離れて、去って、脱いで 前 ～から離れて
□ toy	名 おもちゃ
□ notebook	名 ノート
□ album	名 アルバム
□ another 　　□ other	形 もう1つの、もう1人の、別の 代 もう1つ、別のもの［人］ 形 ほかの、それ以外の 代 ほかのもの［人］
□ for free	無料で
□ look forward to ～	～を楽しみに待つ
□ hour	名 時刻、1時間、営業時間（複数形で）

☑

 ② 見ながらリピート >>>>>>>>>> 📱 33-5

英文を見ながら、先生のあとに英語を言ってみよう。

Excuse me.
Excuse me.

☑

 ③ 見ないでリピート >>>>>>>>>> 📱 33-6

英文を見ずに、先生のあとに英語を言ってみよう。

Excuse me.
Excuse me.

☑

 ④ しあげのシャドーイング >>> 📱 33-7

英文を見ずに、先生の声の直後を追いかけて英語を言ってみよう。

Excuse me. I want to...
Excuse me. I want to...

☑

34

おいしいお食事をどうぞ！

カフェレストランの入り口に、メニューが書いてあります。

つきっきり英文解説 >>> ▶ 34-1〜34-3

モデル音声と解説を聞いて、英文の内容を確認しよう。
大事なところはメモを取ろう。

Enjoy delicious **meals** at Oliver's **Kitchen**!

◆ Breakfast Set

Toast and eggs $4

Sandwich and soup $6

Coffee $2

◆ Lunch Set

Spaghetti and salad $9

Chicken with rice or bread $9

Beef noodles $10

We **also** have **sweet desserts** like cake **and cookies**. Please **ask for more information**.

英文の訳

オリバーズ・キッチンで
おいしい食事をお楽しみください！
・朝食セット
　トーストと卵 4ドル
　サンドイッチとスープ 6ドル
　コーヒー 2ドル
・ランチセット
　スパゲッティとサラダ 9ドル
　チキンとライスまたはパン 9ドル
　ビーフヌードル 10ドル
ケーキやクッキーなどの甘いデザートもございます。よりくわしい情報はおたずねください。

文法と表現

sweet desserts like ～〈前置詞の like〉
like は「～が好き」という意味の動詞のほかに、「～のような」「～に似ている」の意味の前置詞としても使われる。

▶ He looks like his mother.
　（彼は彼の母親のように見える［母親に似ている］。）

次はトレーニング！

合格直行！
Nobu's トレーニング

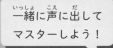
一緒に声に出して
マスターしよう！

 単語・表現チェック >>>>>>> 34-4

英検によくでるものを集めました。先生のあとに英語を繰り返そう。

□ meal	名食事
□ kitchen	名キッチン、台所
□ toast	名トースト
□ coffee	名コーヒー
□ spaghetti	名スパゲッティ
□ rice	名ごはん、米
□ bread	名パン
□ noodle	名めん類、ヌードル
□ sweet	形甘い、快い　名甘い菓子、キャンディー
□ dessert	名デザート
□ cookie	名クッキー
□ information	名情報

 見ながらリピート >>>>>>>>>  34-5

英文を見ながら、先生のあとに英語を言ってみよう。

Excuse me.

Excuse me.

 見ないでリピート >>>>>>>>> 34-6

英文を見ずに、先生のあとに英語を言ってみよう。

Excuse me.

Excuse me.

 しあげのシャドーイング >>> 34-7

英文を見ずに、先生の声の直後を追いかけて英語を言ってみよう。

Excuse me. I want to...

Excuse me. I want to...

最初は間違えても OK。
問題を解きながら新しい単熟語を覚えましょう。

次の英文の内容に関して、質問に対する答えとして最も適切なもの、または文を完成させるのに最も適切なものを **1**、**2**、**3**、**4** の中から一つ選びなさい。

Forest Bookstore Will Open on Walter Street!

◆ Opening Date: October 8
◆ Hours: 10 a.m. − 8 p.m.

Magazines and comics are on the first floor,
and novels* are on the second floor.
You can find textbooks and dictionaries on the third floor.
New books of all kinds are on the first floor.

If you buy four or more things on the opening day,
you will get a notebook for free!

*novel: 小説

(1) Where can people buy a textbook?

   1 On the first floor.

   2 On the second floor.

   3 On the third floor.

   4 On the fourth floor.

(2) On October 8, people will get a free notebook if they

   1 buy one magazine.

   2 buy two dictionaries.

   3 buy three novels.

   4 buy four comics.

解答・解説

フォレスト書店が
ウォルター通りにオープンします！

・開店日：10月8日
・営業時間：午前10時 ― 午後8時

雑誌とまんがは1階に、
小説は2階にございます。
教科書と辞書は3階にございます。
あらゆる種類の新刊は1階にございます。

開店日に4冊以上ご購入いただくと、
ノートを1冊無料でさしあげます！

(1) 解答　**3**

どこで教科書を購入することができますか。

1 1階で。
2 2階で。
3 3階で。
4 4階で。

解説 textbook「教科書」の陳列場所をたずねる質問です。開店日と営業時間の下から陳列場所の説明が始まります。textbook は You can find textbooks ～ on the third floor. の文中にあるので、**3** が正解とわかります。you can find ～ は「～がある」を意味します。

(2) 解答　**4**

10月8日に無料のノートがもらえるのは

1 雑誌を1冊買ったら。
2 辞書を2冊買ったら。
3 小説を3冊買ったら。
4 まんがを4冊買ったら。

解説 無料でノートがもらえる条件は、最後の文の If you buy four or more things「4冊以上購入すると」です。商品の種類は指定していないので、条件にあう **4** が正解です。本文中の on the opening day「開店日」と質問の On October 8 は同じ日を指しています。

35 メール❶

お別れ会のお誘い

ホームステイに来ている男の子が帰国してしまいます。

つきっきり英文解説 >>> 📱 35-1 ～35-3

モデル音声と解説を聞いて、英文の内容を確認しよう。
大事なところはメモを取ろう。

From: Sam Wagner
To: Tracy Myers
Date: August 3
Subject: Goodbye party

Dear Tracy,

Are you **free next** Sunday? I **want to have** a goodbye **party for** Peter, the **homestay** student from **Germany**. His **homestay program will** be **over soon**. He **will go back** to **Germany at the end of** this **month**.

Peter likes **swimming, so** first we'll play **at the pool** from 1 **p.m. Then** we'll have a **party at** my home. I **hope** you can **come**.

Sam

英文の訳

親愛なるトレイシー、
次の日曜日はあいている？　ドイツからホームステイに来ている生徒のピーターのために、お別れパーティーをしたいんだ。彼のホームステイプログラムはもうすぐ終わるんだよ。彼は今月末にドイツに帰るんだ。
ピーターは水泳が好きだから、まず午後1時からプールで遊ぶつもり。そのあとぼくの家でパーティーをするよ。きみが来られるといいのだけど。
サム

文法と表現

I hope you can come.〈hopeの使い方〉
I hope that ～. で「～だといいと思う。」「～であることを望む。」という意味。接続詞のthatはよく省略される。
▶ I hope you like it.
（〈プレゼントを渡して〉気に入ってくれるといいのですが。）

次はトレーニング！

合格直行！
Nobu's トレーニング

元気に言ってみよう！
Don't be shy!

① 単語・表現チェック >>>>>>> 35-4

英検によくでるものを集めました。先生のあとに英語を繰り返そう。

□ dear	形 (手紙の書き出しで) 〜様、親愛なる〜
□ party	名 パーティー
□ homestay	名 ホームステイ
□ Germany	名 ドイツ
□ program	名 プログラム、計画、番組
□ at the end of 〜 　□ end	〜の終わりに 名 終わり、末端
□ swim	動 泳ぐ　[過去形] swam　名 泳ぐこと、水泳
□ pool	名 プール、水たまり
□ hope	動 だといいと思う、を望む

② 見ながらリピート >>>>>>>>>> 35-5

英文を見ながら、先生のあとに英語を言ってみよう。

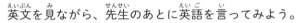

③ 見ないでリピート >>>>>>>>>> 35-6

英文を見ずに、先生のあとに英語を言ってみよう。

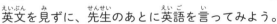

④ しあげのシャドーイング >>> 35-7

英文を見ずに、先生の声の直後を追いかけて英語を言ってみよう。

36

メール❷

ぜひ行きたいわ

お別れパーティーのお誘いに、トレイシーが返事を書きました。

つきっきり英文解説 >>> 📱 36-1 ～36-3

モデル音声と解説を聞いて、英文の内容を確認しよう。
大事なところはメモを取ろう。

From: Tracy Myers
To: Sam Wagner
Date: August 3
Subject: My schedule

- -

Dear Sam,

Thank you for inviting me. **I'd love to go**.

I'm **busy until** 1:30, **so I'll come after** that. I

can **arrive at** the **pool at around** 1:40. Is

that OK?

I'm **sad** to **say goodbye to** Peter. Let's **write**

a **card for** him **and give** him a **present**.

Tracy

英文の訳

親愛なるサム、
招待してくれてありがとう。ぜひ行きたいな。1時
半までは忙しいから、そのあとに行くわ。1時40
分くらいにプールに着けるよ。それでだいじょう
ぶ？
ピーターにお別れを言うのは悲しいわ。彼にカー
ドを書いてプレゼントをあげましょう。
トレイシー

文法と表現

I'm busy until 1:30 ～.〈until、byの使い方〉
until は「～まで（ずっと）」という意味で、ある
動作・状態がそのときまで続いていることを示す
ときに使う。また、byはある動作・状態がそれ
までに終わる場合に使う。

▶ He waited for his brother until noon.
（彼は兄を正午まで待ちました。）
▶ I'll finish my homework by 5 p.m.
（私は午後5時までには宿題を終わらせます。）

次はトレーニング！

合格直行！
Nobu's トレーニング

がんばった分だけ
しっかり身につくよ！

① 単語・表現チェック ＞＞＞＞＞＞＞ ▶ 36-4

英検によくでるものを集めました。先生のあとに英語を繰り返そう。

☐ invite	動 を招待する
☐ I'd love to *do.*	ぜひ〜したいのですが。　●I'd like to *do.* よりも積極的に「〜したい」ことを表すときの表現。
☐ busy	形 忙しい、にぎやかな
☐ until	前 〜まで（ずっと）　接 〜するときまで
☐ arrive at 〜 　☐ arrive 　☐ get to 〜	〜に着く 動 着く、到着する 〜に着く、〜に到着する
☐ sad	形 悲しい
☐ say goodbye to 〜 　☐ say	〜にさようならと言う 動 （と）言う、話す　[過去形] said
☐ card	名 カード、はがき、トランプの札、トランプゲーム（複数形で）
☐ present	名 贈り物、プレゼント　動 を贈る　●アクセント注意 presént

② 見ながらリピート ＞＞＞＞＞＞＞＞＞ ▶ 36-5

英文を見ながら、先生のあとに英語を言ってみよう。

> Excuse me.
> Excuse me.

③ 見ないでリピート ＞＞＞＞＞＞＞＞＞ ▶ 36-6

英文を見ずに、先生のあとに英語を言ってみよう。

> Excuse me.
> Excuse me.

④ しあげのシャドーイング ＞＞＞ ▶ 36-7

英文を見ずに、先生の声の直後を追いかけて英語を言ってみよう。

> Excuse me. I want to...
> Excuse me. I want to...

37

メール❸

買い物に行ってくれない？

母親が、職場から娘にメールをしています。

つきっきり英文解説 >>> 🔊 37-1〜37-3

モデル音声と解説を聞いて、英文の内容を確認しよう。
大事なところはメモを取ろう。

From: Karen Grundlock
To: Amy Grundlock
Date: May 30
Subject: Can you help me?

Hi Amy,
I'm **sending** this **e-mail** from my **office**. I **just
talked with** your **grandmother on** the **phone**.
She **will visit** us **for** dinner **tonight**. I **want to
make vegetable** soup, her **favorite dish**. I
have to buy some **food** at the **supermarket**,
but I don't have time **after work**. Can you **go
for** me? I **need tomatoes**, **potatoes**, **and
onions**.
Thanks,
Mom

英文の訳

こんにちはエイミー、
このメールは会社から送っています。おばあちゃ
んと今電話で話したところ。おばあちゃんは今夜、
夕食に私たちを訪ねてくるの。彼女の好きな料理
の野菜スープを作りたいわ。スーパーで食材を買
わないといけないんだけど、仕事のあとは時間が
ないの。私のために行ってくれる？ トマトとジャ
ガイモとタマネギが必要よ。
ありがとう、
母より

文法と表現

I don't have time ～.〈timeの使い方〉
I don't have time. で「時間がない。」という意味。
timeのあとに to do を続けると、「～する時間が
ない」という意味になる。

▶ I don't have time to do my homework.
（私には宿題をする時間がありません。）

次はトレーニング！

130

合格直行!
Nobu's トレーニング

一緒に声に出してマスターしよう!

① 単語・表現チェック >>>>>>> ▶ 37-4

英検によくでるものを集めました。先生のあとに英語を繰り返そう。

□ e-mail	名 電子メール、Eメール
□ office	名 会社、事務所、役所
□ grandmother	名 祖母
□ phone	名 電話、電話機 動 (に)電話をかける
□ vegetable 　　□ fruit	名 野菜 名 果物
□ dish	名 料理、皿
□ supermarket	名 スーパーマーケット
□ tomato	名 トマト
□ potato	名 ジャガイモ
□ onion	名 タマネギ

② 見ながらリピート >>>>>>>>> ▶ 37-5

英文を見ながら、先生のあとに英語を言ってみよう。

③ 見ないでリピート >>>>>>>>> ▶ 37-6

英文を見ずに、先生のあとに英語を言ってみよう。

④ しあげのシャドーイング >>> ▶ 37-7

英文を見ずに、先生の声の直後を追いかけて英語を言ってみよう。

38 メール❹

買い物はまかせて!

娘から母親に返事が返ってきました。

つきっきり英文解説 >>> 📱 38-1
　　　　　　　　　　　　　　　～38-3

モデル音声と解説を聞いて、英文の内容を確認しよう。
大事なところはメモを取ろう。

From: Amy Grundlock
To: Karen Grundlock
Date: May 30
Subject: OK

Hi **Mom**,

No problem. I'll **go** to the **supermarket and get** the **vegetables after** school. I'll **buy something for dessert**, too. I **know Grandma** likes **watermelons**.

I can **help** you **with** the **cooking**. I'll **wash and cut** the **vegetables** when I **get home**. Also, I **think** I can **clean** the living room **before** she **comes**.

I'm **looking forward to seeing Grandma**.

Amy

英文の訳

こんにちはお母さん、
問題ないわ。放課後にスーパーに行って野菜を買うね。デザート用にも何か買っておくよ。おばあちゃんはスイカが好きなの知ってるから。
料理も手伝えるよ。家に帰ったら、野菜を洗って切っておくね。あと、彼女が来る前にリビングをそうじできると思う。
おばあちゃんに会えるのを楽しみにしているね。
エイミー

文法と表現

I know ～. / I think ～.〈接続詞 that の文〉
I know that ～. は「私は～だと知っている。」
I think that ～. は「私は～だと思う。」という意味。that のあとには〈主語＋動詞〉が続く。この that はよく省略される。

次はトレーニング!

合格直行！
Nobu's トレーニング

元気に言ってみよう！
Don't be shy!

① 単語・表現チェック >>>>>>> ▶ 38-4

英検によくでるものを集めました。先生のあとに英語を繰り返そう。

☐ **No problem.** 　☐ **problem**	問題ありません。／（Thank you. に対して）どういたしまして。 名 問題
☐ **watermelon**	名 スイカ
☐ **help *A* with *B***	A を B （のこと）で助ける ［手伝う］
☐ **cooking**	名 料理、料理法　形 料理用の
☐ **wash**	動 を洗う
☐ **cut**	動 を切る　［過去形］cut
☐ **get home**	家に帰る
☐ **think**	動 （と）思う、考える　［過去形］thought
☐ **clean**	動 （を）きれいにする、（を）そうじする　形 きれいな
☐ **before**	接 ～する前に　前 ～の前に　副 前に

② 見ながらリピート >>>>>>>>> ▶ 38-5

英文を見ながら、先生のあとに英語を言ってみよう。

③ 見ないでリピート >>>>>>>>> ▶ 38-6

英文を見ずに、先生のあとに英語を言ってみよう。

④ しあげのシャドーイング >>> ▶ 38-7

英文を見ずに、先生の声の直後を追いかけて英語を言ってみよう。

次のEメールの内容に関して、質問に対する答えとして最も適切なもの、または文を完成させるのに
最も適切なものを **1**、**2**、**3**、**4** の中から一つ選びなさい。

From: Meg Garcia
To: Harry Watson
Date: April 13
Subject: Saturday

Hi Harry,

You're going to come and visit us this Saturday, right? I'll wait for you at the station at noon. Ben's Beach Burger will be open by then. Let's go there by car and have lunch. After that, how about going to the Science Museum? Your cousin, Bill, will get home by 6 p.m. We can enjoy dinner together at home.

Aunt Meg

From: Harry Watson
To: Meg Garcia
Date: April 14
Subject: Sounds great!

Hi Aunt Meg,

I like your plan. I'd love to visit the museum! I also want to buy some presents for my family. Will you help me with my shopping? Grandma sent Mom a lot of onions and potatoes from her garden today. I'll bring some of them with me.

See you on Saturday,

Harry

(1) What will Harry do at 12:00 this Saturday?

   1   Meet his aunt at the station.

   2   Eat lunch at Ben's Beach Burger.

   3   Go to a museum.

   4   Arrive at Aunt Meg's house.

(2) Harry hopes to

   1   go shopping with his aunt.

   2   visit a museum with his grandmother.

   3   eat some onions and potatoes for dinner.

   4   send a lot of presents to Bill.

(3) What did Harry's grandmother send to his mother today?

   1   A lot of fruits.

   2   A lot of dishes.

   3   A lot of vegetables.

   4   A lot of e-mails.

解答・解説

差出人：メグ・ガルシア
受取人：ハリー・ワトソン
日付：4月13日
件名：土曜日

こんにちは、ハリー、
今週の土曜日に私たちを訪ねてくる予定よね。正午に駅で待ってるわね。ベンズ・ビーチ・バーガーはそれまでに開店しているわ。車でそこへ行って昼食を食べましょう。そのあと、科学博物館へ行くのはどうかしら。あなたのいとこのビルは午後6時までに帰ってくる予定なの。いっしょに家で夕食を楽しめるわ。

メグおばさん

差出人：ハリー・ワトソン
受取人：メグ・ガルシア
日付：4月14日
件名：よさそうだね！

こんにちは、メグおばさん、
おばさんの計画気に入ったよ。博物館にぜひ行きたいな！　家族に何かプレゼントも買いたいな。買い物を手伝ってくれる？　おばあちゃんが今日、庭でとれたたくさんのタマネギとジャガイモをお母さんに送ってくれたよ。いくつか持っていくね。
土曜日に会おうね、

ハリー

---

(1) 　解答　1
今週の土曜日12時にハリーは何をするつもりですか。
1 駅でおばさんに会う。
2 ベンズ・ビーチ・バーガーで昼食をとる。
3 博物館へ行く。
4 メグおばさんの家に到着する。
解説 最初のEメールから、質問のat 12:00を言い換えたat noon「正午に」を見つけます。メグおばさんがI'll wait for you at the stationと述べているので、ハリーはその時間に駅でおばさんに会うとわかります。wait for～は「～を待つ」の意味です。

(2) 解答 **1**

ハリーが望んでいるのは

1 おばさんと買い物に行く。

2 祖母と博物館へ行く。

3 夕食にタマネギとジャガイモを食べる。

4 ビルにたくさんのプレゼントを送る。

解説 ▶ ハリーがhope「希望する」ことなので、ハリーの書いた2通目のEメールを見ます。hope to *do* と意味の近いwant to *do*「〜したい」を目印に、buy some presents for my family、help me with my shopping を見つけます。〈help＋人＋with＋〜〉で「（人）の〜を手伝う」の意味です。

(3) 解答 **3**

ハリーの祖母は今日、彼の母親に何を送りましたか。

1 たくさんの果物。

2 たくさんの料理。

3 たくさんの野菜。

4 たくさんのEメール。

解説 ▶ ハリーの祖母と母親の情報は2通目のEメールにあります。Grandma sent Mom a lot of onions and potatoes に「タマネギとジャガイモ」とあるので、これをvegetablesとまとめた**3**が正解です。「（人）に（物）を送る」は〈send＋人＋物〉か〈send＋物＋to＋人〉で表します。

日本語の勉強

ジョンは日本のまんがが好きですが、日本語は読めません。

つきっきり英文解説 >>> 📱 39-1 〜39-3

モデル音声と解説を聞いて、英文の内容を確認しよう。
大事なところはメモを取ろう。

John **is interested in** Japanese **comics**. He can't **read** Japanese, **so** he **always buys** the English **version**.

One day, John **tried reading** the Japanese **version**. He **couldn't understand** it, **but** he **enjoyed** it. He **asked** his **parents**, "How can I **learn** Japanese?" His mother **answered**, "You can **learn** it **with** a **textbook**." The **next** day, they **went** to a bookstore **and bought** a **textbook and** a **dictionary**.

Learning a new **language** is **difficult**, **but** John is **enjoying** it. He **hopes** he can **read** Japanese comics **someday**.

英文の訳

ジョンは日本のまんがに興味があります。彼は日本語が読めないので、いつも英語版を購入しています。

ある日、ジョンは日本語版を読んでみました。彼はそれを理解できませんでしたが、それを楽しみました。彼は両親に「どうすれば日本語を学べるの？」とたずねました。母親は「教科書で学ぶといいわ。」と答えました。次の日、彼らは書店に行って教科書と辞書を買いました。

新しい言語を学ぶのは難しいですが、ジョンはそれを楽しんでいます。彼はいつか日本語のまんがが読めるようになりたいと願っています。

文法と表現

Learning a new language is 〜.
〈動名詞〉

動名詞（動詞の ing 形）は「〜すること」の意味を表す。

▶ Speaking English is fun.
（英語を話すことは楽しいです。）

次はトレーニング！

合格直行!
Nobu's トレーニング

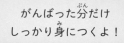
がんばった分_{ぶん}だけ
しっかり身_みにつくよ!

 単語・表現チェック >>>>>>> ▶ 39-4

英検_{えいけん}によくでるものを集_{あつ}めました。先生_{せんせい}のあとに英語_{えいご}を繰_くり返_{かえ}そう。

☐ comic	图まんが（本_{ほん}）
☐ version	图版_{はん}、バージョン
☐ one day	（過去_{かこ}の）ある日_ひ、（未来_{みらい}の）いつか
☐ try *doing*	ためしに～してみる
☐ try	動をためす、試みる、（～しようと）努力_{どりょく}する　图試_{こころ}み
☐ try to *do*	～しようと努力_{どりょく}する、～しようと努_{つと}める
☐ answer	動（に）答_{こた}える、（電話_{でんわ}・訪問_{ほうもん}）（に）応_{おう}じる　图答_{こた}え
☐ dictionary	图辞書_{じしょ}、辞典_{じてん}
☐ language	图言語_{げんご}、言葉_{ことば}
☐ difficult	形難_{むずか}しい
☐ someday	副（未来_{みらい}の）いつか、そのうちに

 見ながらリピート >>>>>>>>>> ▶ 39-5

英文_{えいぶん}を見_みながら、先生_{せんせい}のあとに英語_{えいご}を言_いってみよう。

Excuse me.
Excuse me.

 見ないでリピート >>>>>>>>>> ▶ 39-6

英文_{えいぶん}を見_みずに、先生_{せんせい}のあとに英語_{えいご}を言_いってみよう。

Excuse me.
Excuse me.

 しあげのシャドーイング >>> ▶ 39-7

英文_{えいぶん}を見_みずに、先生_{せんせい}の声_{こえ}の直後_{ちょくご}を追_おいかけて英語_{えいご}を言_いってみよう。

Excuse me. I want to...
Excuse me. I want to...

充実のハイキング

ユカは父親に誘われて、山にハイキングに出かけました。

つきっきり英文解説 >>> 40-1 ～40-3

モデル音声と解説を聞いて、英文の内容を確認しよう。
大事なところはメモを取ろう。

Yuka **lives in** the city. **One day**, her father **said**, "Let's **go hiking**." The **next** day, they **got up early and drove** to a **mountain**.

During the hike, they **saw many kinds of flowers and plants**. They **also found** a **small river**. Fish were **swimming in** it. "Wow, there are **so** many!" Yuka **said**. There was a **bridge** over the **river, and** they **enjoyed walking on** it. The **view** was **wonderful**.

Yuka had a **great** day **in** the **mountains**.

英文の訳

ユカは都会に住んでいます。ある日、父親が「ハイキングに行こう。」と言いました。次の日、彼らは早起きして車で山に行きました。

ハイキングの間、いろいろな種類の花や植物を見ました。小さな川も見つけました。魚たちがその中で泳いでいました。「うわあ、すごくいっぱいいる！」とユカが言いました。川には橋がかかっていて、その上を歩くのを楽しみました。景色がすばらしかったです。

ユカは山の中ですばらしい1日を過ごしました。

文法と表現

there are ～. / There was ～.
〈There is〔are〕～.の文〉

There is〔was〕～.は「～がある〔あった〕。」という意味。あとにくる語が複数のときはThere are〔were〕～.の形になる。

▶ There is a dog in the yard.
（庭に1匹の犬がいます。）

▶ There are some dogs in the yard.
（庭に何匹か犬がいます。）

次はトレーニング！

Nobu's トレーニング

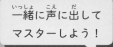
一緒に声に出して
マスターしよう！

① 単語・表現チェック ＞＞＞＞＞＞＞ 40-4

英検によくでるものを集めました。先生のあとに英語を繰り返そう。

□ hike	動 ハイキングをする　名 ハイキング
□ get up	起きる、立ち上がる
□ early	副 早く　形 早い、初期の
□ drive	動 車を運転する　[過去形] drove　名 ドライブ
□ mountain	名 山
□ sea	名 海
□ many kinds of ～	いろいろな種類の～
□ kind	名 種類　形 親切な
□ flower	名 花、草花
□ plant	名 植物　動 を植える
□ river	名 川、河
□ bridge	名 橋
□ view	名 眺め

☑

② 見ながらリピート ＞＞＞＞＞＞＞＞＞ 40-5

英文を見ながら、先生のあとに英語を言ってみよう。

Excuse me.
Excuse me.

☑

③ 見ないでリピート ＞＞＞＞＞＞＞＞＞ 40-6

英文を見ずに、先生のあとに英語を言ってみよう。

Excuse me.
Excuse me.

☑

④ しあげのシャドーイング ＞＞＞ 40-7

英文を見ずに、先生の声の直後を追いかけて英語を言ってみよう。

Excuse me. I want to...
Excuse me. I want to...

☑

次の英文の内容に関して、質問に対する答えとして最も適切なもの、または文を完成させるのに最も適切なものを **1**、**2**、**3**、**4** の中から一つ選びなさい。

Jane's New Hobby

Jane is from England. One day at school, her friend Isabella said, "I often eat Italian food at home because my mother is from Italy. She is a good cook." Jane thought, "I want to cook dishes from another country, too."

When Jane went home, she told her father about it. Her father asked, "What kind of food do you want to cook?" Jane didn't know. So, they made a list of six countries together. Then, Jane watched cooking programs from each country for two hours on the Internet. After dinner, Jane said to her father, "I want to learn to make Spanish food." Her father answered, "OK, I'll find a class for you." Jane was very happy.

In her first lesson, Jane learned the names of different kinds of Spanish dishes. After three lessons, she could make a Spanish soup and some snacks. Now, she wants to study the Spanish language and history, too. Next year, she is going to go to Spain with her family.

(1) One of Jane's friends
  1 speaks Italian with her father.
  2 went to Italy last year.
  3 has Italian food at home.
  4 visited Jane's home.

(2) Why did Jane use the Internet for two hours?
  1 To study some languages.
  2 To make a list.
  3 To listen to music.
  4 To watch cooking shows.

(3) What did Jane do after dinner?

   1 She took a cooking class.

   2 She talked to her father.

   3 She learned Spanish from her father.

   4 She made some Spanish food.

(4) After three lessons, Jane could

   1 say the names of all kinds of dishes.

   2 speak Spanish.

   3 make some food.

   4 understand Spanish history.

(5) What does Jane plan to do with her family?

   1 Visit another country.

   2 Go to a Spanish restaurant.

   3 Meet her new friend.

   4 Take a language lesson.

解答・解説

ジェーンの新しい趣味

　ジェーンはイングランド出身です。ある日学校で、彼女の友だちのイザベラが「お母さんがイタリア出身だから、家でよくイタリア料理を食べるの。お母さんは料理がじょうずなのよ。」と言いました。ジェーンは、「私も別の国の料理を作りたい。」と思いました。

　ジェーンは帰宅すると、そのことについて父親に話しました。彼女の父親は、「どんな種類の料理が作りたいんだい？」とたずねました。ジェーンはわかりませんでした。なので、彼らはいっしょに6か国のリストを作りました。そして、ジェーンはインターネットで2時間、それぞれの国の料理番組を見ました。夕食後、ジェーンは父親に「スペイン料理を作るのを習いたいわ。」と言いました。彼女の父親は、「いいよ、きみのために授業を見つけてあげよう。」と答えました。ジェーンはとても喜びました。

　最初のレッスンで、ジェーンはさまざまな種類のスペイン料理の名前を学びました。3回のレッスンのあと、彼女はスペインのスープといくつかのおやつを作ることができました。今、彼女はスペインの言葉と歴史も勉強したいと思っています。来年、彼女は家族とスペインに行く予定です。

(1) 　解答　**3**
ジェーンの友だちの1人は
1 父親とイタリア語を話す。
2 去年イタリアへ行った。
3 家でイタリア料理を食べる。
4 ジェーンの家を訪れた。

解説 ▶ 第1段落2文目で、ジェーンの友だちイザベラが話した内容に注目します。I often eat Italian food at homeのeat「〜を食べる」をhave「（食事）をとる」に言い換えた**3**が正解です。

(2) 　解答　**4**
ジェーンはなぜインターネットを2時間使ったのですか。
1 いくつかの言語を勉強するため。
2 リストを作るため。
3 音楽を聞くため。
4 料理番組を見るため。

解説 ▶ Why 〜?は理由や目的をたずねる質問です。第2段落からthe Internetとfor two hoursを含む文をさがすと、5文目にJane watched cooking programsが見つかります。正解の**4**では、programsをshowsに言い換えています。forは「〜の間」と、期間を表します。

(3) 解答 **2**

夕食後にジェーンは何をしましたか。

1 料理の授業を受けた。

2 父親と話をした。

3 父親からスペイン語を学んだ。

4 いくつかのスペイン料理を作った。

解説 ▶ 質問のafter dinnerは第2段落の最後から3文目にあります。それに続くJane said to her father、Her father answeredから、2人で話をしたと判断できます。saidはsay「言う」の過去形です。正解の**2**では、talk to ～「～と話をする」で表現しています。

(4) 解答 **3**

3回のレッスンのあと、ジェーンは

1 全種類の料理の名前を言うことができた。

2 スペイン語を話すことができた。

3 いくつかの料理を作ることができた。

4 スペインの歴史を理解することができた。

解説 ▶ 第3段落の2文目に、After three lessonsがあります。そのあとにshe could make a Spanish soup and some snacksとあるので、soupとsnacksをfood「食べ物」とまとめた**3**が正解と判断します。**2**と**4**はジェーンが今後したいことです。

(5) 解答 **1**

ジェーンは家族と何をすることを計画していますか。

1 別の国を訪れる。

2 スペイン料理のレストランに行く。

3 新しい友だちに会う。

4 言語のレッスンを受ける。

解説 ▶ 質問のplan to *do*「～することを計画する」はbe going to *do*「～する予定だ」と似た意味です。第3段落の最後の文にshe is going to go to Spain with her familyとあるので、Spainをanother country「別の国」に言い換えた**1**が正解。another「別の、もう1つの」の後ろには単数形の名詞がきます。

● ものや動作の様子 ▶ M14

□ half	名 半分　形 半分の　副 半分ほど
□ heavy	形 重い、大量の
□ little	形 小さい、（a をつけて）少しの
□ low	形 低い　副 低く
□ short	形 短い、背の低い
□ each	形 それぞれの　代 それぞれ　副 1個［1人］につき
□ same	形 同じ、同一の
□ such	形 そのような、こんな
□ close	形 ごく近い、親密な
□ dirty	形 汚い、汚れた
□ simple	形 単純な、簡単な
□ fast	形 速い　副 速く
□ quick	形 （速度・動きが）速い、すばやい
□ strong	形 強い
□ slow	形 遅い　副 ゆっくりと　動 （を）遅くする
□ slowly	副 遅く、ゆっくりと
□ easily	副 たやすく、簡単に
□ enough	副 十分に　形 十分な
□ a glass of 〜	（コップ）1杯の〜

☐ animal	名 動物
☐ elephant	名 ゾウ
☐ horse	名 ウマ
☐ penguin	名 ペンギン
☐ whale	名 クジラ
☐ zebra	名 シマウマ
☐ rose	名 バラ
☐ tulip	名 チューリップ
☐ air	名 空気
☐ moon	名 月、（惑星の）衛星
☐ rock	名 岩
☐ dark	形 暗い、（色が）濃い、黒っぽい
☐ quiet	形 静かな
☐ warm	形 あたたかい
☐ windy	形 風の吹く、風の強い

● 4級によくでる助動詞・接続詞
▶ M16

| ☐ shall | 助 （Shall I ～?で）～しましょうか。
（Shall we ～?で）（いっしょに）～しませんか。 |
| ☐ than | 接 （比較級のあとにおいて）～よりも |

さくいん